Stefan Weidner

Anti-Pegida

Um die Pegida-Bewegung zu verstehen und ihr entgegenzutreten, helfen keine Sonntagsreden. Denn Pegida hat eine Vorgeschichte, die bis tief in die Mitte unserer Gesellschaft hineinreicht. Die Meinungen, die diese Bewegung vertritt, sind in den Jahren zuvor von vielen großen Medien in Deutschland verbreitet und von namhaften Intellektuellen und Autoren vorausgedacht worden – von Alice Schwarzer bis Hans Magnus Enzensberger, von Henryk M. Broder bis Necla Kelek. Die Streitschrift von Stefan Weidner zeigt auf, wie die Ideale von Aufklärung, Freiheit und Gleichberechtigung jahrelang dazu missbraucht worden sind, um gegen die Muslime im Land Stimmung zu machen und schließlich eine neue Form von Rassismus zu begründen.

Stefan Weidner, geb. 1967, lebt als Schriftsteller, Übersetzer und Islamwissenschaftler in Köln.

Stefan Weidner

Anti-Pegida

Eine Streitschrift

In Kooperation mit der Akademie der Künste der Welt, Köln

AKADEMIE
DER
KÜNSTE
DER
WELT

Dieser Text ist erstmalig im März 2015 als E-Book in der Reihe
Kindle Singles
bei Amazon erschienen

Originalausgabe
Erste Auflage 2015

Covergestaltung: Rothfos & Gabler, Hamburg
Druck: Amazon Distribution GmbH Leipzig
Printed in Germany
ISBN 978-1507883037

Alle Anfragen für Rechte, Lesungen, Buchhandelsrabatte an:
stweid.stefanweidner@gmail.com

Inhalt

Prolog

Das Wintermärchen der „Patriotischen Europäer gegen die Islamisierung des Abendlandes“ (Pegida), die während des Jahreswechsels 2014/2015 einige Wochen lang die Republik in Atem hielten, scheint bereits Geschichte. Wir verdanken das schnelle Ende des Spuks nicht nur den inneren Streitigkeiten und der verworrenen Agenda Pegidas, sondern ebenso den zahlreichen Gegendemonstrationen und der entschiedenen Distanzierung durch die im Bundestag vertretenen Parteien und seriösen Medien. Selten sind so viele Plädoyers für ein weltoffenes Deutschland zu hören gewesen, selten ist die Tatsache, dass der Islam und die Muslime ein Teil dieses Landes geworden sind, so unzweideutig anerkannt worden, und dies trotz der vom selbsternannten „Islamischen Staat in Syrien und Irak“ (ISIS) zur gleichen Zeit verbreiteten Hinrichtungsvideos, trotz der von den Attentätern mit dem Islam begründeten Mordtaten gegen die Satirezeitschrift Charlie Hebdo, gegen Polizisten und in einem jüdischen Supermarkt am 7. und 8. Januar 2015 in Paris. Es hat sich auf eindrucksvolle Weise gezeigt, dass die Zivilgesellschaft gegen einen Aufmarsch des rechten Lagers und gegen den Terror unter dem Vorwand der Religion zusammensteht. Ende gut, alles gut?

Die Ablehnung Pegidas durch eine breite Mehrheit der deutschen Öffentlichkeit, so wichtig und beeindruckend sie gewesen ist, darf nicht darüber hinwegtäuschen, dass wesentliche Elemente des Gedankenguts, auf das sich Pegida beruft, bis weit in die gesellschaftliche Mitte reichen und von zahlreichen Denkern, Wissenschaftlern, Publizisten, Politikern und Medien seit vielen Jahren mit verblüffendem Erfolg propagiert werden. Die allgemeine Distanzierung von Pegida deshalb Augenwischerei zu nennen wäre übertrieben. Aber ohne Auseinandersetzung mit den dahinterstehenden Ideologien, Meinungsbildern und Ressentiments bleibt sie oberflächlich und billig. Und es könnte so scheinen, als würde die Ablehnung mehr die äußere Gestalt des Protests als die zugrunde liegenden Inhalte betreffen, die in anderer Verpackung durchaus wieder einen Platz in der Politik und in den Medien einnehmen können – so wie sie ihn immer schon eingenommen haben.

Aus dem Knäuel an Meinungen und Ideologemen, die für Pegida charakteristisch sind, ragt ein Element als gemeinsamer Nenner heraus. Es ist der Teil des Namens von Pegida, der bleibt, wenn sich die Vorsilbe ändert und daraus Wörter entstehen, die für jeden Menschen mit Sprachgefühl einigermaßen peinlich klingen: Wügida, Legida, Dügida, Kögida, Hagida usw., je nachdem, ob nun in Würzburg, Leipzig, Düsseldorf, Köln, Hannover oder sonst wo demonstriert wird „gegen die Islamisierung des Abendlandes".

Die Rede (der Mythos, die Mär) von der angeblich bevorstehenden oder sich bereits vollziehenden Islamisierung des Abendlandes ist die Kernaussage einer Lehre[1], die unter dem beschönigenden Titel Islamkritik ein selbstverständlicher Bestandteil des deutschen und europäischen Meinungsspektrums geworden ist – ein so selbstverständlicher Bestandteil, dass viele an der Verbreitung dieser Lehre mitwirken, die sich über die Implikationen offenbar nicht im Klaren sind.

Es lohnt sich an dieser Stelle, kurz aufzuzeigen, wie tief diese Lehre – oder Ideologie – bis in die Mitte der Zivilgesellschaft durchgedrungen ist und wie selbst solche Akteure, die über den Vorwurf des Rassismus erhaben sind, ihr unbewusst aufsitzen. Niemand würde zum Beispiel auf die Idee kommen, den Börsenverein des Deutschen Buchhandels und den von ihm alljährlich gestifteten Friedenspreis mit Pegida, Rassismus und anti-islamischen Hetzschriften in Verbindung zu bringen. Und doch ist, ohne dass der Börsenverein dafür direkt verantwortlich gemacht werden könnte, selbst das mittlerweile möglich geworden.

2011, im Jahr der arabischen Revolutionen, erhält der auf Französisch schreibende algerische Autor Boualem Sansal den Friedenspreis des Deutschen Buchhandels. Man kann über die Gründe spekulieren, warum ausgerechnet dieser nur mäßig bedeutende Autor in jenem historischen Jahr den angesehensten in Deutschland vergebenen Preis erhält, aber darauf kommt es nicht an.[2] Entscheidend ist vielmehr, dass der Börsenverein des Deutschen Buchhandels durch diesen Preis unbewusst einem Autor Glaubwürdigkeit verliehen hat, der die Schlagworte des anti-islamischen Ressentiments unreflektiert verbreitet. Der Titel seines letzten, 2013 erschienenen Buchs lautet: *Allahs Narren. Wie der Islamismus die Welt erobert.*[3] Sansal, der als frankophoner Berber von den arabischen Dschihadisten im algerischen Bürgerkrieg unmittelbar bedroht war, hat handfeste persönliche Gründe, sich über die Entwicklungen im Islam und die Gewalt im Namen dieser Religion zu beklagen und davor zu warnen, und es ist sein gutes Recht. Aber schon der Untertitel seines Buchs tut mehr und anderes: Er zementiert ohne sachliche Grundlage das islamkritische Ressentiment, aus dem er erwachsen ist. Wer die befremdliche Frage stellt, wie der Islamismus die Welt erobert, suggeriert, dass diese Eroberung der Welt durch den Islamismus längst stattfindet. Die Eroberung der ganzen Welt? Bei Pegida ist es immerhin nur das Abendland, könnte man spotten.

Weder Verlag noch Autor, die sich gegen jede Nähe zu Pegida sicherlich entschieden verwahren würden, haben offenbar ein Gespür für den Missbrauch, der mit dem Islamthema getrieben wird. Wie so viele, die sich dazu äußern, dürfen wir davon ausgehen, dass sie nicht die Absicht haben, anti-islamisches Ressentiment zu schüren, fremdenfeindliche Ideologeme zu verbreiten und mit dem Prüfsiegel des Börsenvereins des Deutschen Buchhandels den Pegida-Aktivisten die Argumente in die Hände zu spielen. Doch das mangelnde Gespür vermählt sich in diesem Fall wie in vielen anderen auf unschöne Weise mit der Spekulation auf die bessere Verkäuflichkeit des reißerischen islamkritischen Titels.[4] So wird aus der sachlich immerhin vertretbaren Aussage einer „Islamisierung in der *arabischen* Welt“, wie es im französischen Untertitel heißt, eine „Eroberung der Welt“ an und für sich. Sansal und sein deutscher Verlag sind nur ein vergleichsweise harmloses Beispiel für die in ihrer Problematik kaum noch wahrgenommene Präsenz pegidanaher islamkritischer Phrasen sogar in einer sich als politisch korrekt begreifenden und kulturaffinen Öffentlichkeit.

Ruft man bei Amazon den Titel von Sansal auf, erfährt man, wofür sich die Käufer dieses Buchs sonst interessieren, und sogleich bekommt man, wen wundert's?, eine ganze Palette übelsten islamkritischen Schrifttums auf dem Bildschirm ausgebreitet. Auf einige der dort auftauchenden Autoren gehe ich in den folgenden Kapiteln näher ein. Schaut man sich an, um wen es sich handelt, in welchen Verlagen diese Autoren veröffentlichen, welche Medien ihnen ein Forum bieten, wer sie einlädt, verteidigt, hofiert und mit Ehrungen, Preisen, Professuren auszeichnet; schaut man sich an, welche Ideen genau diese Menschen verbreiten, und vergleicht man diese Ideen dann mit denen, die für Pegida zentral sind, so weiß man, dass Pegida kein Randphänomen ist und dass, wenn Pegida demnächst von den Straßen verschwunden ist, die Gedanken, die Pegida hervorgebracht haben und die wir seit langem kennen, bleiben werden.[5]

Wenn der Widerstand gegen Pegida ernst genommen und ihm zur Nachhaltigkeit verholfen werden soll, muss den islamkritischen Propagandisten die Maske vermeintlicher Ehrbarkeit abgerissen werden. Die Islamkritik gut zu finden wie zum Beispiel diejenigen, die sich bis hin zu Peter Sloterdijk[6] über die Tabubrüche Sarrazins gefreut haben, den Straßenprotest von Pegida aber zu verurteilen, ist in etwa so heuchlerisch, als würde man die Homosexualität an und für sich zwar gutheißen, ja sogar eifrig praktizieren, sich von der

öffentlichen Zurschaustellung in Form eines Christopher Street Days aber distanzieren, ja seine Abscheu dagegen bekunden und sagen, dass man es so weit nun doch nicht treiben wolle.
Was aber soll dann das islamkritische Gerede auf allen Kanälen, das Hofieren der Islamkritiker bis in die seriösesten Medien hinein? Was, wenn nicht Pegida, hat Thilo Sarrazin, haben seine vielen hunderttausend begeisterten Leser, haben die unzähligen Leser all der anderen Islamkritiker gewollt? Wer aber nun, wie wohl alle Pegida-Mitmarschierer, der Rhetorik der Islamkritiker auf den Leim gegangen ist und geglaubt hat, mit der schweigenden Mehrheit im Rücken auf der Straße zu stehen, könnte sich verraten fühlen. Jahrzehntelang hat man den Leuten die Welteroberungssucht des Islams vorgebetet, mit Duldung des gesamten politischen Establishments sogar einen Bundespräsidenten aus dem Amt gejagt, der in dieses Gebet nicht mit einstimmen, ja, welch eine Chuzpe!, nicht einmal dazu schweigen wollte, und wundert sich dann, dass die Leute aus Wut auf die Straße gehen, wenn sie sehen, dass die anti-islamische Stimmung zwar weit verbreitet ist, sich aber nicht in eine spürbare Politik umsetzt. Da standen sie dann im Winter auf der Straße, und es wurde ihnen von denjenigen, die ihnen die Ideen gegeben und sie aufgestachelt haben, gesagt: Ihr seid Rassisten![7] Wenn das keine Niedertracht ist, was wäre Niedertracht dann? Fast könnte man Mitleid mit Pegida bekommen.
Das Dilemma von Pegida ist aber nichts anderes als das Dilemma der Islamkritik selbst. Man hat inzwischen guten Grund zu der Annahme, dass es hinter der islamkritischen Bewegung überhaupt keine konkrete politische Agenda gibt. Sie ist, ganz wie Pegida, viel zu heterogen dafür, besteht aus Rechten und Linken, hat Anhänger in allen unseren Parteien, vereint Marxisten und Neonazis, Altachtundsechziger wie Bazon Brock und junge Neoliberale wie Bernd Lucke, Antisemiten und Pro-Israel-Aktivisten, Feministinnen und

Zigarrenraucher, Homosexuelle und Schwulenhasser, Putinisten und Transatlantiker, radikale Laizisten und radikale Christen und nicht zuletzt unzählige Muslime mit großer, nicht selten nachvollziehbarer, aber leider oft sehr undifferenzierter Wut auf die Kultur ihrer Herkunft. All diese Widersprüche, die sich in den Pegida-Demonstrationen allmontäglich gespiegelt haben, machen aus der Islamkritik eine zugleich unmögliche und perfekt getarnte, sich nie in ihrer Gesamtheit zu erkennen gebende, beinah guerillahaft agierende Bewegung.

Die eigenartige Spaltung in Deutschland, die sich an der Ablehnung Pegidas einerseits, der Allgegenwart islamkritischer Vorurteile andererseits zeigt, dürfte auch damit zu erklären sein, dass die meisten Menschen trotz eines leisen Unbehagens mit der Situation und Politik in Deutschland letztlich einigermaßen zufrieden sind und an einer großen Wende der Politik, sei es nach rechts, sei es nach links, kein Interesse haben. Statt also das Unbehagen politisch umzumünzen, pflegt man, um sein Mütchen zu kühlen, das antiislamische Ressentiment, ohne doch deswegen gleich im Winter und bei Regen auf die Straße gehen zu wollen. Noch scheint die Regierung alles im Griff zu haben, und mit den Neonazis, die eben auch bei Pegida mitmarschieren, will nun wirklich niemand etwas zu tun haben.

Wollen wir von dieser Bewusstseinsspaltung und weltanschaulichen Schizophrenie – gegen Pegida, aber nicht gegen Islamkritik – abkommen, müssen wir uns und unsere Weltbilder gründlicher in Frage stellen als bisher; dann genügt es nicht, durch die simple Ablehnung von Pegida unsere anti-rassistische Gesinnung kundzutun und ansonsten den lieben Gott einen guten Mann sein lassen. Denn es geht dabei nicht um unser Seelenheil, vielmehr hat die Haltung der Mehrheitsgesellschaft zu den im Land lebenden Minderheiten unmittelbare praktische Konsequenzen. Es ist unmöglich, Phänomene wie das Massaker von Anders Breivik am 22. Juli

2011 in Norwegen, wie den Dresdener Gerichtssaalmord am 1. Juli 2009, den Brand von Asylbewerberunterkünften und erst recht die langjährige Mordserie der NSU zu verstehen und in Zukunft Derartiges zu verhindern, ohne zu begreifen, dass die Täter nicht nur von der Islamkritik indoktriniert waren, sondern davon ausgegangen sind und sich mit guten, statistisch belegbaren Gründen einbilden durften, im Namen vieler, wenn nicht einer schweigenden Mehrheit der Bevölkerung zu handeln. Wenn der Islam, wie alle, sogar Friedenspreisträger, sagen, „mit dem Schwert", so die beliebte Phrase, die Welt erobert, warum darf man sich dann nicht ebenfalls mit Waffen dagegen wehren, lautet die gar nicht so unlogische Logik der Mörder völlig unschuldiger und – aber darauf hinzuweisen, kommt fast schon einem Kotau vor der Islamkritik gleich, denn es ist völlig egal – bestens integrierter Menschen.

Obschon es im Folgenden gelegentlich um konkrete Personen geht, bin ich überzeugt, dass die wie auch immer geartete Abwertung anderer und fremder Menschen in jedem von uns wirksam werden kann oder in bestimmten Situationen strukturell wirksam wird. Man ist nicht schon deshalb kein Rassist, weil man keiner sein will, und verbreitet nicht deswegen keine rassistischen Meinungen, weil man sich davon frei dünkt. Es kann sogar sein, dass ich den Rassismus auf der einen Seite bekämpfe, ihm aber auf einer anderen Seite, ohne dass es mir klar ist oder auch nur klar sein kann, aufsitze, und viele Phänomene im öffentlichen Umgang mit dem Islam scheinen überhaupt nur so zu erklären zu sein. Die im Folgenden genannten Personen sind nur Träger von Ideen, die auch unabhängig von ihnen kursieren, und in den folgenden Kapiteln sei daher vor allem versucht, die irregeleiteten Denkwege und Logiken, die Missverständnisse, Verkürzungen und Fehlschlüsse aufzuzeigen, die das islamkritische Denken von Natur aus prägen.

Erstes Kapitel

Wie wir unsere Probleme auf den Islam projizieren

Betrachtet man unsere Islamdebatten und die anti-islamischen Diskurse nicht als Aussagen über den Islam, sondern wie ein Psychoanalytiker die Aussagen eines Patienten (man könnte diesen für leicht neurotisch und paranoid halten), liegt der Gedanke nah, dass der Islam eine ideale Projektionsfläche für Ansichten und Empfindungen bietet, die ganz andere Ursachen haben. Und dann drängt sich die Frage auf, wo Vorbehalte gegenüber dem Islam und den Muslimen begründet sind, wo Ängste darin mitschwingen, die übertrieben scheinen, und wofür genau der Islam als Projektionsfläche dienen könnte. Die Idee, wir könnten auf den Islam etwas projizieren, was mit dem Islam selbst nichts oder nur wenig zu tun hat, scheint auch deswegen plausibel, weil viel über den Islam geredet wird, die meisten Deutschen jedoch eher wenig Kontakt zu Muslimen haben, abgesehen vielleicht vom gelegentlichen Einkauf beim türkischen Gemüsehändler oder einem Urlaub an den Stränden des südlichen, islamisch geprägten Mittelmeerraums – Erfahrungen also, die in den seltensten Fällen ein pauschales Negativurteil zur Folge haben dürften.

Doch unbestritten steht der Islam zusammen mit Klimawandel und Finanzkrise auf den oberen Plätzen der internationalen Problemskala. Die Trias aus Problemen, die uns hier begegnet, ist keine zufällige, vielmehr bildet sie einen fast schon klassischen Dreiklang: Natur, Wirtschaft und Kultur. In allen diesen drei Bereichen werden die globalen Veränderungsprozesse als potentiell apokalyptisch wahrgenommen, als lebensgefährlich. In allen drei, so wird vermittelt, scheint dringendes Handeln erforderlich, und doch wissen wir: Auf den meisten Gebieten passiert nichts oder nur allzu wenig. Allein die tatkräftige Auseinandersetzung mit dem Islam scheint vielversprechend und wird, jedenfalls militärisch, derzeit in Syrien, Irak, Afghanistan und Mali teils zögerlich, teils vehement, aber zumeist ohne sichtbare Verbesserung der politischen Lage geführt, so dass man vermuten darf: Es geht mehr darum, Handlungsfähigkeit zu beweisen, als tatsächlich etwas zu bewirken.

Die Situation erscheint umso frustrierender, als die Gründe für ein Unbehagen am Islam sicher nicht nur im Auge verängstigter Betrachter, sondern objektiv gegeben sind und einfach benannt werden können: die Gefahren des Terrorismus und einer schwer zu steuernden Migration, die politische Instabilität einer zunehmenden Anzahl islamischer Länder (gerade auch im Zuge der an sich begrüßenswerten Protest- und Demokratiebewegungen seit 2011), unsere Abhängigkeit vom nahöstlichen Öl, schließlich die vom Westen (mit)verursachten Kriege in Irak und Afghanistan. Zu diesen politischen Problemfeldern gesellen sich kulturelle: ein kaum zu bestreitender theologischer Niedergang des Islams, der auch von einzelnen herausragenden Reformdenkern nicht aufgefangen wird, sowie die Identitätskrise vieler Muslime, die oft zu einer dogmatischen Verhärtung, zu religiösem Fanatismus führt.

Alle diese Probleme bestehen. Sie sind jedoch äußerst verschiedener Natur, hängen nicht unbedingt zusammen und lassen sich nicht ohne weiteres auf den Islam als solchen zurückführen. Viel wahrscheinlicher als die Annahme, dass die Religion für die Krise verantwortlich sei, ist, dass die politische und ökonomische Situation in der islamischen Welt den Niedergang auch des religiösen Lebens zu verantworten hat – sofern man nicht, wie der Islamwissenschaftler Thomas Bauer, gleich von einer westlichen Mitverantwortung für die Verengung des religiösen Denkens im Islam seit dem 19. Jahrhundert ausgeht. Mit diesen Annahmen wäre gleich der markanteste Unterschied zwischen sogenannten Islamkritikern und ihren Gegnern benannt: Für die Islamkritiker sind alle Probleme des Islams und der Muslime letztlich auf die von Mohammed in den Jahren 610 bis 632 auf der Arabischen Halbinsel gestiftete Religion und ihre schlechte Grundanlage zurückzuführen.

Allerdings darf man vermuten, dass diese Ansicht auf naive Weise der Vorstellung von einem einheitlichen Islam auf den Leim geht. Um das deutlich zu machen, müssen wir nicht Islamwissenschaften studieren. Denn der Islam ist als Religion nicht minder vielgestaltig als das Christentum – ein amerikanischer Evangelikaler hat mit dem deutschen Durchschnittskatholiken so wenig gemeinsam wie der saudi-arabische Wahhabit mit dem marokkanischen Sufi-Islam oder der Glaubenswelt der Schiiten. Schon innerhalb eines Landes sind diese Unterschiede oft unüberbrückbar groß. Der Kemalist, der Alevit, der Kurde, der Sunnit – sie alle sind türkische Muslime, aber in ihren Weltanschauungen so unterschiedlich, dass stets die Gefahr von Konflikten besteht.

Wer solcherlei Unterschiede unter den Muslimen leugnen wollte, schriebe dem Islam eine magische Kraft zu: Er wäre als einzige Weltreligion in seinem Kern gleich geblieben, und das nicht nur über einen riesigen geographischen Raum und in der Begegnung mit unterschiedlichsten anderen Religionen, sondern auch über 1400 Jahre. Die Rede von der Selbstidentität des Islams ist eine Fiktion der Islamkritiker ebenso wie der islamischen Fundamentalisten. Diese wiederum glauben, es gäbe nur einen einzigen wahren Islam, und der müsse nur wiederentdeckt und propagiert werden, um alle Übel der islamischen Welt zu beseitigen. Ein solches Denken reduziert die komplexe Realität der islamischen Welt auf eine simple Formel und erlaubt es, alle möglichen Probleme, gleich woher sie tatsächlich rühren, auf den Islam zu projizieren und zurückzuführen. Gerade deshalb ist es freilich auch so attraktiv und auf eine vordergründige Weise überzeugend.

Doch leider helfen uns diese Pauschalisierungen nicht weiter. Der islamische Terrorismus fordert eine völlig andere Herangehensweise als die Gettobildung in Einwanderer-

vierteln und die damit einhergehende mangelnde Integration. Beide Problemfelder haben aber ihre Wurzeln kaum in der islamischen Religion als solcher. Hätten sie dies, müssten alle Muslime potentielle Terroristen und integrationsunfähig sein, was offenbar nicht der Fall ist. Tatsächlich ist der islamische Terrorismus – wie jeder andere Terrorismus auch – ein primär politisches Problem; und mangelnde Integrationsbereitschaft ein soziales. Man erkennt es an den Gegenbeispielen: Der iranische Arzt oder der türkische Linksintellektuelle integrieren sich leicht, obwohl sie formell nicht weniger Muslime sind als die aus palästinensischen Flüchtlingslagern oder anatolischen Bauerndörfern stammenden Eltern der Neuköllner Gettokids. Dasselbe gilt für den Terrorismus. Die Attentäter des 11. September waren äußerlich besser integriert als die meisten Muslime in den Problemvierteln unserer Städte, sie studierten, sprachen Deutsch und Englisch, waren gebildet und stammten aus guten Elternhäusern. Mit den libanesischen Drogendealern, die Thilo Sarrazin erwähnt, hatten sie nichts gemein. Auch die Tatsache, dass die vom Islam ausgehende Gewalt ihre Ziele vorwiegend in der islamischen Welt selbst findet und die weitaus meisten seiner Opfer Muslime sind, weist darauf hin, dass es sich hierbei um politische Auseinandersetzungen *innerhalb* des Islams handelt und eben nicht um die Frontstellung eines vermeintlich einheitlichen Islams gegen alle Ungläubigen, wie häufig suggeriert wird.
Angesichts dieser Fülle von Problematiken, die zumindest oberflächlich mit dem Islam assoziiert werden, wundert es nicht, dass dieser eine dankbare Projektionsfläche abgibt. Die eigentlichen Motive für solche Projektionen werden wir jedoch vermutlich eher bei uns selbst als im Islam finden. Das ist nicht überraschend. Selbst wenn in der öffentlichen Debatte vordergründig über eine fremde Kultur geredet wird, so ist die Intensität dieser Debatten doch nur zu verstehen,

wenn wir begreifen, dass es dabei nicht zuletzt um uns und um unser eigenes Selbstverständnis geht.

Dafür brauchen wir einen Spiegel. Ohne diesen können wir uns ebenso wenig im kulturellen Sinn als Ganzes sehen, wie man seinen eigenen Körper ohne Spiegel nicht vollständig sehen kann. Solche Spiegel zur kulturellen Selbstfindung hat es immer gegeben. In Deutschland waren dies früher die Erzfeinde Frankreich und England, aber auch Juden, Katholiken, Sozialisten und Kommunisten. Freilich, alle diese Spiegel repräsentierten zugleich ein Stück unserer eigenen Kultur und hatten dadurch einen Nachteil: Will man sich etwa in Abgrenzung zum Judentum definieren, muss man ausblenden, dass das Judentum über das Alte Testament und die jüdischen Beiträge zur deutschen Kultur immer schon zu „uns", zu unserem Kulturkreis gehört hat (wie unsere Politiker gerade in der Auseinandersetzung mit dem Islam neuerdings gern betonen). Der Islam erscheint im Vergleich dazu als das ganz Andere oder wird, zumindest von den Islamkritikern, als das ganz Andere, das absolute Gegenteil des Abendlandes konstruiert. Durch die Abgrenzung von dem so konstruierten, negativen Islam erscheint unsere eigene Kultur als positives Gegenbild, mit dem wir uns umso leichter identifizieren können, als unsere sonstigen offensichtlichen Probleme in diesem Spiegelbild vorübergehend ausgeblendet werden.

An dem prominenten Beispiel von Thilo Sarrazins Sachbuch-Bestseller des Jahres 2010, *Deutschland schafft sich ab*, lässt sich leicht aufzeigen, wie die Projektion funktioniert und wie ein unser eigenes Selbstverständnis betreffender Problemkreis plötzlich auf ein anderes Thema, den Islam, verlagert wird. Viele der von Sarrazin in seinem Buch vorgebrachten Thesen haben mit dem Islam nichts zu tun. Eine seiner zentralen Behauptungen besagt, dass in einer sozial durchlässigen, den Intelligenten und Fleißigen viele Aufstiegsmöglichkeiten bietenden Gesellschaft wie der deutschen die Unterschicht nach und nach zwangsläufig von den Dümmeren und weniger

Leistungsbereiten gebildet wird. Da laut Sarrazin aber Intelligenz vererbbar ist und die Unterschichten mehr Kinder bekommen, weil der Sozialtransfer Kinderreichtum belohnt, verringern sich mit der Zeit logischerweise die Leistungsbereitschaft, Intelligenz und Wettbewerbsfähigkeit der Gesamtbevölkerung.

Seltsamerweise wurde diese Kernthese von Sarrazins Buch nur sporadisch diskutiert, stattdessen umso mehr über den Islam geredet. So entstand in der öffentlichen Debatte der Eindruck, es hinge vor allem an unserem Umgang mit den Muslimen, also fünf Prozent der Bevölkerung, ob Deutschland sich nun „abschaffe" oder nicht – wobei die konstatierten Probleme (mangelnde Integration, hohe Geburtenrate und Abhängigkeit von Sozialsystemen; nicht jedoch mindere Intelligenz, die Sarrazin den Muslimen, anders als vielfach behauptet, nicht pauschal unterstellt!) selbst Sarrazin zufolge nur auf einen Bruchteil dieser fünf Prozent tatsächlich zutreffen.

Wer das umstrittene Buch nicht gelesen hatte, musste annehmen, es sei ein Beitrag zur Islamdebatte, während es doch eigentlich das bestehende Sozialstaatsmodell in Frage stellt. Es handelt sich um einen idealtypischen Fall von Verdrängung, der auffälligerweise sowohl bei Befürwortern wie bei Gegnern von Sarrazin greift – denn auch seine Gegner attackieren ihn nun vornehmlich wegen seiner Haltung zum Islam, nicht für die viel weiter reichenden Thesen zum Sozialstaat. Diese Thesen haben Sprengkraft genug, um unser Selbstverständnis, ja unsere ganze gewohnte Lebensweise zu erschüttern. Reduziert man das Buch auf die Islamdiskussion, ergibt sich (nach dem oben genannten Gesetz des Spiegels) der umgekehrte Effekt: In der Abgrenzung zum Islam und den muslimischen Einwanderern wird unser Selbstverständnis vor allem bestätigt. Die in unserem Selbstbild gründenden Gefährdungen werden dabei auf Probleme mit dem Islam und den Muslimen reduziert. Das eigentliche heiße Eisen, die von Sarrazin etwa geforderte weitgehende Abschaffung von

Sozialtransfers in der gegenwärtigen Form, wird nicht angepackt.
Es verhält sich damit in etwa wie mit Klimawandel und Finanzkrise. Da beides vorläufig nicht lösbar scheint, verlagert man die Diskussion auf ein vordergründig handfesteres, lösbareres Problem, unseren Umgang mit dem Islam und den Muslimen. Die aus diversen Quellen gespeisten Ängste und Frustrationen werden so umgepolt, dass sie in einer klassischen Sündenbockmechanik auf eine gesellschaftliche Minderheit projiziert werden. Manche Beobachter, etwa der Antisemitismusforscher Wolfgang Benz, sprechen in diesem Zusammenhang bereits von einem neuen Rassismus. Diese Gefahr besteht, aber letztlich besteht noch eine größere.
Auch und gerade dann nämlich, wenn man den Islam und die Muslime, gleich aus welchen Gründen, wenig sympathisch findet, sollte man sich davor hüten, Probleme auf eine Kultur oder eine Menschengruppe zu projizieren, die von ganz anderer Seite her angegangen werden müssten. Statt unser Weltbild und Selbstverständnis zu hinterfragen und zu korrigieren, wie es in der gegenwärtigen Situation in Wirtschaft und Umwelt angebracht schiene, wird vielfach versucht, unsere Mentalität noch einmal zu bestätigen, indem sie mit einer scheinbar viel schlechteren, dem Islam, verglichen wird (selbst Enzensberger tut, wie im betreffenden Beitrag erwähnt, nichts anderes). Aber so gut der relativ aufgeklärte Westen im Vergleich zur wirtschaftlich und kulturell darniederliegenden islamischen Welt auch abschneiden mag, hilft uns dieses Verfahren nicht dabei, unsere Probleme zu lösen.
Auffällig an der übermäßigen Fokussierung auf den Islam ist noch etwas anderes: Die handfesten, nämlich wirtschaftlichen und umweltpolitischen Fragen werden ausgerechnet mit Hilfe eines „weichen", nämlich kulturellen Themas verdrängt. Das dürfte zwei Gründe haben. Zum einen lässt sich über Kultur leichter reden – man muss nichts über den Islam wissen, um eine Meinung über ihn zu haben; es genügt, sich selbst für

anders, und das heißt in der Regel für besser, zu halten. Bei Umwelt- und Wirtschaftsfragen ist hingegen klar, dass jeder einzelne immer irgendwie ein Teil des Getriebes ist, ob er will oder nicht; und dass man ohne sachliche Kompetenz sich schwerlich dazu äußern kann.

Zum anderen aber ist die Verlagerung auf das kulturelle Thema zugleich ein Indiz für die Wiederkehr des Verdrängten: nämlich der Ahnung, dass wir ohne einen kulturellen Wandel, nämlich einen Wandel in unseren Wert- und Weltvorstellungen, gerade auch die Wirtschafts- und umweltpolitischen Probleme nicht vernünftig psychologisch verarbeiten, geschweige denn angemessen bewältigen und lösen können. Wir verlagern den Fokus der Debatte also nicht zuletzt deshalb (und oft unbewusst) von den harten auf die weichen Gegebenheiten, weil wir intuitiv wissen, dass wir nur diese wirklich ändern können: uns.

Die hitzigen Debatten um den Islam erscheinen vor diesem Hintergrund wie eine Art Rückzugsgefecht, ein Stellvertreterkrieg, dessen Aufgabe in unserem Psychohaushalt darin besteht, die bittere Erkenntnis zu verdrängen, dass mit Konsumrausch und Gewinnmaximierung keine Umwelt und kein Staat zu retten sind. Fast unverblümt steht diese Erkenntnis übrigens auch im Buch von Thilo Sarrazin: Je erfolgreicher jemand im traditionellen Sinn von Karriere und Gewinnmaximierung ist, desto weniger wahrscheinlich, schließt Sarrazin richtig, ist seine Motivation, Kinder zu bekommen. Aber um diese Entwicklung zu stoppen, setzt Sarrazin nicht auf einen kulturellen Wandel, auf eine Änderung der herrschenden Mentalitäten, sondern er will das Problem wiederum mit dem Mittel der Gewinnmaximierung lösen, indem er vorschlägt, jeder Mutter unter dreißig mit Universitätsabschluss 50.000 Euro zu zahlen, damit sich das Kinderkriegen nicht nur für Sozialhilfeempfänger „lohnt".[8] Viel sinnvoller, und im Übrigen weniger kostspielig, wäre stattdessen ein kultureller Wertewandel, der unser

Selbstverständnis aus der gegenwärtigen Sackgasse führt und uns in die Lage versetzt, kulturell und psychisch mit knapper werdenden Ressourcen fertigzuwerden – und trotzdem glücklich zu sein. Freilich: Viel leichter ist es, sich in der Auseinandersetzung mit einem krisenhaften Islam ein letztes Mal selbst zu bestätigen. In Wahrheit aber ließe sich vom Islam und den Muslimen sogar etwas lernen. Genau die Werte nämlich, die uns gerade fehlen, sind im islamischen Kulturkreis oft stark und nachhaltig bewahrt. Kinderfreundlichkeit ist darunter nicht der geringste, gestehen selbst die größten Islamkritiker wie Thilo Sarrazin zu. Die weltanschauliche Konsequenz daraus, nämlich den Islam tatsächlich als Bereicherung zu empfinden, ziehen leider die wenigsten.

Zweites Kapitel

Vom negativen Gefühl zum Rassismus

Dass die Pegida-Aktivisten nicht so recht wissen, was sie eigentlich wollen und dass ihrem anti-islamischen Protest negative Gefühle wie Wut, Angst und Ressentiments zugrunde liegen, haben viele Kommentatoren bemerkt. Wenn wir aber versuchen, diesen Befund ernst zu nehmen, besteht die erste Schwierigkeit darin, dass derartige Gefühle nur schwer klar definiert, festgestellt und thematisiert werden können, zumal wir in einer im Allgemeinen affektkritischen Kultur leben, die dazu neigt, Gefühle, besonders negative, zu sublimieren und zu verbergen.

Wut und Ressentiment können aus dem diffusen Gefühl einer Bedrohung erwachsen, aus der Angst, etwas zu verlieren, oder dem Eindruck, schon etwas verloren zu haben und auf irgendeine Weise ausgegrenzt zu sein, nicht in befriedigender Weise an der Welt teilzuhaben. Diese Wut hat, jedenfalls was unsere Situation in Mitteleuropa betrifft, mit einem schweren Handicap zu kämpfen. Es besteht, kurz gesagt, darin, dass die Kräfte eines bedrohlichen Wandels, die diese Angst und Wut schüren, zugleich Bestandteil des Systems sind, das sie gefährden.

Dasjenige, wovor wir Angst haben und das uns aufbringt, ist in diesem System zugleich dasjenige, dem wir einige der wichtigsten unserer Errungenschaften verdanken. Diese Feststellung trifft auf nahezu alle Krisen zu, mit denen wir gegenwärtig konfrontiert sind: Umweltprobleme, Finanzkrise, Verteilungsungerechtigkeit, ungebremstes Wachstum, Unterentwicklung. Diese Krisen sind gleichsam die Bedingungen unseres Wohlstands. Wenn ich um die Umwelt fürchte und meine Wut sich zum Beispiel gegen die Verhinderer von Weltklimaabkommen richtet, so sollte mir klar sein, dass jedes Klimaabkommen das Potential hat, auch

meinen eigenen Wohlstand zu gefährden, wenn er sich zum Beispiel in Gestalt massenweiser PKW-Nutzung oder preisgünstiger Flüge äußert.
Und es mag ja sein, dass ich mir eine stärkere Kontrolle der Manager und Banken wünsche. Aber wie lege ich dann noch sinnvoll mein Geld an oder komme an günstige Kredite? Wirtschaftswachstum um jeden Preis scheint mir verderblich. Ohne Wachstum werde aber auch ich bald ärmer sein. Und es gibt viele Menschen, die sich den Luxus, kein nennenswertes Wirtschaftswachstum zu wünschen, gar nicht erst leisten können.
Meistens bin ich gegen die militärischen Eingriffe des Westens in der islamischen Welt. Aber ich frage mich auch, wie viel Instabilität im Nahen und Mittleren Osten wir uns wirklich leisten können, ganz abgesehen von dem, was sich die afghanischen Zivilisten wünschen, von denen man vielfach hört, dass sie den Abzug der westlichen Truppen fürchten; abgesehen davon, dass viele Syrer den Westen genau dafür anklagen, dass er nicht früher und entschiedener militärisch eingegriffen und den Diktator vertrieben hat, bevor die Dschihadisten das Land aufrollten. Und wäre ich nicht in jedem Fall bereit, mit denselben militärischen Mitteln oder noch extremeren die Taliban von den pakistanischen Atomwaffen fernzuhalten, wenn es darauf ankäme?
Wir scheinen in einer Situation zu sein, in der jede Bewahrung auf der einen Seite mit einem Verlust auf der anderen einhergeht. Ich will damit kein apokalyptisches Szenario zeichnen. Ich behaupte nicht, dass etwa Wirtschaftswachstum und Umweltschutz unvereinbar sind, dass eine nachhaltige Finanzwirtschaft unmöglich wäre oder das militärische Engagement in Afghanistan und anderswo zwangsläufig in einer Katastrophe enden muss, so oft dies der Fall ist. Ich kenne mich auf diesen Gebieten überhaupt nicht gut genug aus, um Derartiges zu behaupten.

Mir geht es um etwas anderes, nämlich um die fast zwangsläufige Gebrochenheit des Willens zur Veränderung, zu dem Gefühle wie Wut und Ressentiment idealerweise drängen, des Willens nämlich, die Welt neu zu gestalten, also die Wut in Dienst zu nehmen für politische oder andere Ziele, die wir für wertvoll halten und denen wir uns verschreiben. Je komplexer die Wirklichkeit sich darbietet, desto schwerer wird es, sich einem solchen Ziel zu verschreiben, zumal dann, wenn der Impetus, der mich treibt, eher ein bewahrender ist als ein revolutionärer; wenn ich zu viel zu verlieren habe, um für die vielleicht erforderliche Veränderung ein substantielles Risiko einzugehen.

Ich möchte ein weiteres Beispiel für ein derartiges Dilemma anführen. Die Wut aus Verlustangst, die Wut als Impuls zur Bewahrung äußert sich auch in einer Angst vor dem, was als Überfremdung bezeichnet wird, als vermeintliche demographische Unterwanderung, im Namen von Pegida sehr konkret als „Islamisierung". Lassen wir dahingestellt sein, was es damit realiter auf sich hat, ob es die Islamisierung oder Überfremdung wirklich gibt oder ob es sich dabei nur um ein Phantasma der Angst handelt. Mich interessiert daran etwas anderes. Wenn nämlich jemand Angst vor einer solchen demographischen Unterwanderung hat, wird er gleichzeitig kaum leugnen können, dass unsere Gesellschaften, wollen sie ihren Wohlstand bewahren, die Zuwanderung benötigen – und zwar in einem viel größeren Maß, als es gegenwärtig der Fall ist. Angesichts der zunehmenden Überalterung Europas lassen sich ohne verstärkte Zuwanderung außereuropäischer Menschen weder die Renten- und Gesundheitssysteme noch die Wirtschaft auch nur annähernd auf dem gegenwärtigen Niveau halten.

Wer also Zuwanderung ablehnt, weil er Angst vor Überfremdung, vor dem Verlust seiner Identität und dem Verlust seines Wohlstands und seiner Privilegien hat, wird seinen Wohlstand und den seiner Kinder auf lange Sicht erst recht gefährden. Er kann sich allenfalls in der Hoffnung wiegen, dass es eine Zuwanderung durch Fremde gibt, die ihm nicht ganz so fremd und unheimlich erscheinen wie diejenigen, gegen die sich seine Wut gegenwärtig vor allem richtet. Die Wahrscheinlichkeit, dadurch nur eine neue Form von Ablehnung gegenüber anderen Fremden, zum Beispiel Osteuropäern, zu generieren, ist jedoch hoch. Dem grundsätzlichen Dilemma wird er kaum entkommen, und ein zukunftsträchtiges politisches Programm wird sich aus dieser Überfremdungsangst nur schwer generieren lassen. Damit ist es wahrscheinlich, dass diese politische Impotenz der Verlustangst nur zu einer noch größeren Angst oder – als deren aggressiver Kehrseite – Wut führen wird, weil sie sich nirgendwo ausdrücken kann, nirgendwo eine politische Heimat findet, jedenfalls nicht im parlamentarischen System Deutschlands. Genau das ist die Situation der Anhänger von Pegida und erklärt ihre Frustration. Und es ist, wenngleich weniger dringlich und virulent, vermutlich die Seelenlage der meisten, die den Umgang mit den Muslimen zu einer Überlebensfrage aufblasen, gerade auch im wohlsituierten Bildungsbürgertum. Die seltsame Kopplung von nietzscheanisch inspirierter neoliberaler Philosophie und Islamkritik bei einem Philosophen arrivierter Bürgerlichkeit wie Peter Sloterdijk ist beispielhaft dafür.[9]

Wir sind daher in einem paradoxen Affekt-Zustand konfrontiert. Die Wut oder das Ressentiment, die jeder mehr oder weniger hat und die, gleich wodurch sie ursächlich motiviert sind, eine entscheidende Triebkraft für gesellschaftliche Veränderungen sind, finden sich ausgebremst – ausgebremst durch eine insgesamt immer noch zufriedenstellende politische und gesellschaftliche Lage, ausgebremst durch einen beträchtlichen Wohlstand, durch die erwähnte hohe Komplexität der Probleme, mit denen wir konfrontiert sind, und schließlich durch die Unmöglichkeit, diese Gefühle

sinnvoll zu kanalisieren und in ein sinnvolles politisches Handeln umzumünzen.
Das aber heißt für diese Gefühle vor allem eins: Sie liegen brach. Sie köcheln sinnlos vor sich hin. Sie verlieren sich in Details. Sie bleiben ungenutzt, unbefriedigt, ohne Objekt, während doch jedes Gefühl naturgemäß dazu drängt, sich auf etwas zu richten, einen Gegenstand, einen Blitzableiter zu finden. Um sich auf etwas zu richten, brauchen diese Gefühle jedoch vorzeigbare Rechtfertigungen und (zumindest scheinbar) rationale Gründe. Andernfalls werden diese Gründe konstruiert.
Hinzu kommt, dass negative Gefühle wie Wut und Ressentiment dankbar für jeden Anknüpfungspunkt sind, ähnlich wie ein aggressiver Typ, dem wir auf der Straße begegnen, schon einen kurzen Blick von uns als Aggression, als Anlass zum Zuschlagen begreifen kann. Wut überzieht die Welt mit einem Blick, der seinesgleichen sucht. Je aggressiver meine Ausstrahlung, desto mehr Aggressionen zieht sie an. Wut und Gewalt funktionieren mimetisch, sie laden zur Nachahmung ein. Selbst wenn ich nicht wütend bin: Sobald ich Wut und Gewalt begegne, steigt die Wahrscheinlichkeit, dass ich selber wütend und gewalttätig werde.
Der Globalisierungskritiker Jean Ziegler hat auf die Wut der sogenannten Dritten Welt aufmerksam gemacht.[10] Es ist leicht nachvollziehbar, dass die Wut-Kontexte dort völlig andere sind. Eine Wut gegen den Westen – Jean Ziegler scheut nicht das Wort „Hass“ – kann Gründe für sich geltend machen, für die wir in unseren Breiten seit mehr als einem halben Jahrhundert keine Entsprechung mehr kennen. Die Wut gegen verknöcherte, diktatorische Regime, gegen die Unmöglichkeit zur wirtschaftlichen und politischen Teilhabe, gegen Unrecht und Erniedrigung jeder Art – für sie haben wir kein Pendant, wir kennen seit langem nichts auch nur annähernd Entsprechendes und beginnen es erst in jüngster Zeit wieder zu ahnen, wenn wir mit den Straßenprotesten

anlässlich der Schuldenkrise in Griechenland und Spanien konfrontiert werden oder eben mit Protesten vom rechten Rand des politischen Spektrums wie im Fall von Pegida.
Wie aber begegnet uns in Europa der Zorn der Dritten Welt, von dem Jean Ziegler geredet hat, konkret, das heißt jenseits des virtuellen Sicherheitsabstands, den uns der Bildschirm gewährt, durch den wir von unserer Welt erfahren? Überraschenderweise bekommen wir von der angeblich so großen Wut der Dritten Welt im Alltag nur sehr wenig mit – selbst dann fast nichts, wenn wir in einem dieser Länder unseren (Pauschal-)Urlaub verbringen. Die südliche Hemisphäre, ließe sich sagen, ist die meiste Zeit über wie ein Schlägertyp, der uns nicht sieht und den wir nur vom Hörensagen kennen. Er wohnt halt in einem anderen Viertel.
Eine Schnittstelle, einen Knotenpunkt jedoch gibt es, wo die Wut zumindest eines Teils dieser Dritten Welt für uns manifest wird, und zwar selbst dann, wenn wir uns alle Mühe geben, sie zu ignorieren. Diese Schnittstelle besteht in unseren Berührungspunkten mit dem Islam und den Muslimen. Hier wird die Wut der ärmeren Länder für uns spürbar und greifbar. Sie fordert uns heraus und wir sie, sie reagiert auf uns und wir auf sie. Diesem Befund entspricht, dass sich auf dem Boden der islamischen Welt derzeit die militärischen Auseinandersetzungen mit westlicher Beteiligung vollziehen. Zugleich stammen die meisten Zuwanderer in Europa aus der islamischen Welt und sind, ob praktizierend oder nicht, ihrem Herkommen nach Muslime. Als größte und kulturell oft fremd anmutende Gruppe fallen sie stärker auf als die meisten anderen. Sie fallen schon durch ihr Äußeres auf, noch unabhängig von der Frage, wie gut sie integriert sind und wie reibungslos der Kontakt mit ihnen ausfällt – er vollzieht sich übrigens die meiste Zeit verblüffend reibungslos. Auch die einzige sich direkt gegen den Westen richtende Gewalt begegnet uns im Zeichen eines aggressiv interpretierten Islams.

Dies alles würde wahrscheinlich schon genügen, um den Muslimen einen besonderen Wut-Magnetismus zuzuschreiben, also die Fähigkeit, zu einer Projektionsfläche für unsere ansonsten brachliegende und ausgebremste Wut oder Verlustangst zu werden. Es kommt aber etwas hinzu. Der Islam hat seit seiner Entstehung einen ähnlichen imperialen, missionarischen und hegemonialen Anspruch wie das christliche Abendland. Es ist ein Anspruch, der objektiv betrachtet ebenso gerechtfertigt oder abwegig ist wie der westliche, und er hat sich ebenso wie der westliche in langen historischen Zeiträumen und über weite Gebiete hinweg tatsächlich verwirklicht, zuletzt in Gestalt des Osmanischen Reichs, dessen Untergang nach dem Ende des Ersten Weltkrieges noch keine hundert Jahre zurückliegt. Dieser Anspruch ist mithin historisch ebenso gerechtfertigt wie der westliche, obgleich er natürlich, anders als der westliche, gegenwärtig fernab von jeder Realisierung ist. Darauf kommt es in unserem Fall freilich nicht an. Worauf es ankommt, ist der Anspruch als solcher. Er bedeutet, dass man als Muslim in der islamischen Welt mit guten, historisch belegbaren Gründen das Gefühl einer Degradierung und des Verlusts eines über lange Zeiten faktischen, zudem von der Religion verbrieften hegemonialen Anspruchs haben kann.

Wir hatten bereits festgestellt: Derjenige, der etwas verliert, dessen irgendwie begründete und gehegte Erwartungen enttäuscht werden, wird eher zur Wut, zum wütenden Protest, zur Revolte neigen als derjenige, der noch nie etwas hatte. Es ist daher psychologisch sehr nachvollziehbar, dass der größte Widerstand gegen die koloniale und postkoloniale Weltordnung von der islamischen Welt ausgegangen ist und bis heute ausgeht. Dabei ist wichtig zu sehen, dass dieser Widerstand und diese Wut weniger religiös als machtpolitisch motiviert sind. Bis in die achtziger Jahre des 20. Jahrhunderts ging der Widerstand nicht primär von religiösen Kräften aus und fand unter religiösen Vorzeichen statt, sondern war von säkularen Kräften unter sozialistischen Vorzeichen motiviert, die Religion spielte bestenfalls eine Nebenrolle. Von diesem eher kulturgeschichtlichen als religiösen Anspruch profitieren heute die islamischen Ideologen insofern, als sie diesen Widerstand für sich reklamieren und abschöpfen, so dass in der islamischen Welt sogar solche gesellschaftlichen Kräfte mit ihnen sympathisieren, die den Islamisten ideologisch eigentlich fernstehen, etwa ehemalige Marxisten. Der hegemoniale Anspruch des Islams begegnet uns heute primär als religiöses und missionarisches Projekt, während er über Jahrhunderte hinweg vornehmlich imperialer Natur war, wobei die Eroberung islamischer Gebiete keinen Deut weniger zählte als die nicht-islamischer und die Missionierung weniger wichtig war als die faktische Herrschaft, wie es sich am Fortbestand des Christentums in Südosteuropa auch unter osmanischer Herrschaft leicht belegen lässt. Oder an der Tatsache, dass bis zum Ersten Weltkrieg die Bevölkerung Istanbuls mehrheitlich nicht-muslimisch war. Sie bestand vor allem aus griechischen und armenischen Christen sowie aus Juden.

Doch zurück zu uns, in den Westen. Wir hatten ja spekuliert, dass die Wut, die wir alle irgendwie haben, in vielen Fällen ausgebremst wird, sich nur schwer unmittelbar politisch niederschlagen kann, dass sie brachliegt. Sie findet nichts oder wenig, auf das sie sich richten kann, ohne von Verstand und Vernunft als kontraproduktiv gezügelt zu werden. Falls diese Feststellung zutrifft, wird diese brachliegende, sich allenfalls gebrochen auslebende Wut für alles dankbar sein, was ihr als Objekt und Projektionsfläche entgegentritt und zugleich den Kontrollmechanismen der Rationalität, die uns anerzogen sind, einigermaßen standhält.

Dafür, dass der Islam zum Gegenstand der Wut und zum Thema von wutgeleiteten, frustrierten oder von Verlustangst geprägten Bürgern wird, braucht es daher rational vermittelte Anknüpfungspunkte, braucht es Botschaften und eine spezifische Art von „Wissen“ über den Islam, das produziert und kommuniziert werden muss. Dieses Wissen sollte von der Art sein, dass es den Islam als Gegenstand der Wut festschreibt, ohne dass sich Wut und Affekt als solche dabei zu erkennen geben. Es besteht aus spezifischen, idealerweise rational anmutenden und irgendwie begründeten Charakterisierungen des Islams, die diesen als Wut-Projektionsfläche konstruieren. Zu diesen offen kommunizierten, vordergründig rationalen Charakterisierungen des Islams gesellt sich eine Grauzone von Schmuddelargumenten, die eher subkulturell (mündlich, in Blogs usw.) vermittelt werden, und schließlich eine Dunkelzone von Ansichten über Muslime, die als tabu gelten und selten offen ausgesprochen werden, von denen wir jedoch mit guten Gründen annehmen dürfen, dass sie existieren.

Ohne Anspruch auf Vollständigkeit seien einige der wichtigsten Elemente dieses „Wissens“ über den Islam hier aufgezählt.

– Der Islam sei eine Religion oder Kultur, die keine Aufklärung kennt, also gleichsam in der Vormoderne stecken geblieben ist. Eine weit verbreitete Argumentation in diesem Sinn führt als Indiz die islamische Zeitrechnung an (Beginn 622 n. Chr.), gemäß der sich die Muslime erst im 15. Jahrhundert befinden. Der zivilisatorische Stand heute sei also ungefähr mit dem Europas im ausgehenden Mittelalter zu vergleichen. Es wundert daher nicht, dass an ihm vieles archaisch wirkt, unzivilisiert, brutal und vernunftfeindlich – mittelalterlich eben!

– Der Islam kenne keine Trennung von Staat und Religion. Er ist nicht säkularisierbar und mit säkularen Gesellschaftsmodellen, mithin mit Demokratie, nicht vereinbar. Zu diesem Komplex zählt auch, dass die Scharia, missverstanden als festgeschriebenes und unumstößliches Gesetz für alle Muslime, mit dem Rechtsstaat und einem modernen

Rechtsverständnis insgesamt komplett und in alle Ewigkeit unvereinbar ist.
– Der Islam sei der Grund für die despotischen Regime in der islamischen Welt, für Menschenrechtsverletzungen, Diktaturen und Demokratiefeindlichkeit. Das Argument leitet sich aus den vorigen beiden ab. Hinzu kommt das Klischee eines typisch orientalischen Despotismus (Hitler, Stalin, Ceausescu, Franco und alle anderen müssen nach dieser Lesart für Europa untypisch gewesen sein).
– Der Islam sei sich selbst wesentlich gleich. Sein Wesen ist unveränderlich festgelegt in Koran, Scharia und Hadith (den Berichten über den Propheten), und zwar unabhängig von Zeit und Ort. Dazu zählt auch die These, dass zwischen Islam und Islamismus, also der Religion als politischer Ideologie, nicht wirklich unterschieden werden kann und dass diese Unterscheidung schon apologetisch sei.
– Der Islam sei nicht reformierbar. Das harmoniert mit der These, dass der Islam sich gleich ist. Wäre er reformierbar, würde er sich ja schon nicht mehr gleichen. Die Unreformierbarkeitsthese ist tautologisch, besteht in einem Zirkelschluss, der besagt: Wird der Islam reformiert, ist es nicht mehr der Islam, weil der Islam ja nicht reformiert werden kann.
– Der Islam habe einen Welteroberungsanspruch, er strebt die Weltherrschaft an, die Islamisierung der Welt, die Bekehrung oder Vernichtung oder zumindest Unterdrückung Andersgläubiger. Das Argument hat eine anrüchige Vorgeschichte: Die These von der angestrebten Weltherrschaft der anderen diente vormals dazu, die Fronten gegen den Kommunismus und davor, bei den Nazis, die Fronten gegen die Juden zu schließen. Es ist vor allem deswegen unsinnig, weil sich dasselbe mit noch größerer Berechtigung von unseren eigenen Anschauungen und unserem eigenen politischen System behaupten lässt, das militärisch und wirtschaftlich überlegen ist und die kulturelle Hegemonie, sinnbildlich in der

Verbreitung des Englischen und Französischen gerade auch in der islamischen Welt, bereits verwirklicht hat.
– Der Islam sei frauenfeindlich, schwulenfeindlich und so weiter, wobei nicht zwischen Islam und islamischer Welt und Kultur oder Muslimen unterschieden wird. Natürlich ist der Islam, wie wohl jede Religion als solche, nicht homosexuellenfreundlich. Die islamischen Kulturen waren es jedoch in ihrer Geschichte – die Literatur belegt es – durchaus. Bis in die Gegenwart gilt Nordafrika (und wieder belegt es die Literatur von André Gide über Paul Bowles bis Hubert Fichte) als eines der Paradiese des schwulen Sextourismus. Oder, aber das ist neu, des heterosexuellen weiblichen Sextourismus, worin sich, wie in jedem Sextourismus, ein klares Machtgefälle ausdrückt.
– Die Muslime redeten mit doppelter Zunge. Wenn die Muslime die Reformierbarkeit ihrer Religion behaupten, die Vereinbarkeit des Islams mit Rechtsstaat und Demokratie, so sei dies *Taqiya* (ein arabisches Wort, das jeder zünftige Islamgegner kennt), das heißt „Verstellung", der sich die Muslime angeblich befleißigen sollen, um unter Ungläubigen keinen Repressionen ausgesetzt zu sein (tatsächlich bezieht sich *Taqiya* auf die Verstellung, die Schiiten unter repressiver sunnitischer Herrschaft zum eigenen Schutz walten lassen dürfen). Wir befinden uns hier schon im Bereich der Schmuddelargumente. Denn klar ist: Die Behauptung einer potentiellen Doppelzüngigkeit der Muslime spricht diesen jegliche Chance ab, glaubwürdig eigene Überzeugungen zu vermitteln, die den Festschreibungen durch die Islamkritiker nicht entsprechen.
Zu den eher schmuddeligen Argumenten zählt ferner:
– Die Muslime seien Judenfeinde und Antisemiten, sie möchten die Juden vernichten. Folglich sympathisierten sie – und sympathisieren angeblich oft immer noch – mit Hitler. Der Islam tritt in dieser Logik das Erbe des antisemitischen Faschismus an. Wenn die Muslime die Juden (oder Israel)

ausrotten könnten, würden sie dies sofort tun, und im Rahmen dieses Arguments werden Juden und Israel umstandslos gleichgesetzt. In scharfem Gegensatz zu dieser Behauptung wurden dic arabischen Diktatoren während der Revolutionen von 2011, um sie zu diskreditieren, von den Revolutionären oft mit Hitler verglichen oder mit Hitlerbart karikiert. Und obwohl Israel gewiss keine Sympathien unter den arabischen Revolutionären genießt, waren antisemitische Losungen nicht zu vernehmen.

– Die islamische Geschichte sei immer schon von Gewalt geprägt gewesen, und der Islam habe sich nur durch Gewalt verbreitet (so klang es noch in der Regensburger Rede des Papstes 2006). Zudem predigt der Islam (anders als, gemäß dieser Sicht, das Christentum) Gewalt, vor allem natürlich gegen Andersgläubige. Gemäß extremeren Varianten dieser Auffassung hat der Islam sogar den Genozid erfunden[11] oder, in völkermörderischem Ausmaß, die Sklaverei.[12] Dieses Argument wird gern mit entsprechend herausgesuchten Koranpassagen garniert.

– Muslime seien vergleichsweise unfähig, sich anzupassen und zu integrieren. Sie seien bildungsfern oder bildungsunfähig (die Sarrazin-Thesen).

– Muslime seien, sei es aus religiösen oder ethnischen Gründen, nicht mit den Europäern vergleichbar, passten nicht nach Europa. Daher könnten die Türken nicht Mitglieder der EU werden.

Nun erleichtert es die Konstruktion der Muslime als Wut-Projektionsfläche nämlich ganz erheblich, dass sie meistens anders aussehen, eine dunklere Hautfarbe haben und in Europa häufig den ärmeren Schichten angehören und damit gerade betuchteren und gebildeteren Mitbürgern fremd vorkommen.

Es darf vor diesem Hintergrund vermutet werden, dass es in jeder (modernen) Gesellschaft einen gleichsam natürlichen Bodensatz aus Rassismus und der Ablehnung Fremder gibt, der sich auch durch das beste Erziehungssystem und breiteste Aufklärungskampagnen nicht austreiben lässt. Er lässt sich allerdings umcodieren. Es wäre nämlich sehr erstaunlich, wenn eine ganze Gesellschaft wie die deutsche während der Naziherrschaft und lange davor zwar breite, radikalisierungsbereite rassistische Tendenzen zeigte, dann aber von heute auf morgen, sozusagen vom 8. auf den 9. Mai 1945, allen diesen Affekten abgeschworen hätte. Jeder weiß, dass dies nicht der Fall war. Der Fall war – und ist – etwas anderes: Der latente, überall vorhandene, in Deutschland vielleicht (aber gar nicht einmal sicher) besonders ausgeprägte, vielleicht nur besonders geförderte Rassismus hat sich nicht in Luft aufgelöst, er war nur auf einmal gegenstands- und sprachlos geworden: Die Juden waren nahezu alle ermordet oder vertrieben worden, die Fremdarbeiter verschwanden, der Antisemitismus durfte sich nicht mehr öffentlich äußern. Er darf es (zum Glück) bis heute nicht, und äußert sich daher folglich nur in extremen Rändern unserer Gesellschaft und Öffentlichkeit. Heißt dies aber, dass er bis auf diese wenigen extremen Ränder verschwunden ist? Es wäre zu schön. Ich glaube es nicht. Viel wahrscheinlicher als sein Verschwinden ist seine Umcodierung, seine Verwandlung, sein Auftreten in einer neuen Gestalt, in der er sich selbst kaum wiedererkennt und in der er sich auch nicht wiedererkennen will, versehen nicht nur mit einem neuen Objekt, sondern auch mit neuen, der Gegenwart angepassten Argumenten.

Haben wir einige der wichtigsten Argumente, die dieser Umcodierung des alten zum neuen Rassismus entsprungen sind, bereits aufgezählt, so sei noch etwas über die besondere Eignung des Islams als neues Ziel des Rassismus gesagt. Wenn wir nämlich die Muslime als dieses neue Ziel erkannt haben, fällt sogleich ihre ausgesprochene, um nicht zu sagen ideale Tauglichkeit für die Umcodierung des alten antisemitischen Rassismus zu einem anti-muslimischen auf. Die Muslime bie-

ten sich sogar viel besser als Objekt für einen derartigen Rassismus an, als es die Juden je taten.
Die in Deutschland ansässigen Juden waren bekanntlich Deutsche und sprachen Deutsch. Die Muslime sind in ihrer Mehrheit immer noch – trotz der wachsenden Zahl hier geborener – Zugewanderte und Eingebürgerte. Und obwohl die Nürnberger Rassegesetze während des Nationalsozialismus und ihre Vordenker das Gegenteil behaupteten: Die meisten Juden in Deutschland waren so „blutsdeutsch" wie alle anderen Deutschen. Sie sind, wenn man nun einmal rassisch denken will, keine andere Rasse, sie gehören nur einer anderen Religion an. Genau deswegen waren die Nationalsozialisten so bemüht, das Gegenteil zu beweisen, nämlich dass es sich bei den Juden um eine andere Rasse handle. Übernimmt man die These von den Juden als rassisch und nicht religiös definierte Gruppe – wie es viele Islamkritiker tun, um ihre Kritik an der (islamischen) Religion vom Rassismus der Nazis zu unterscheiden –, so folgt man, ob man will oder nicht, der antisemitischen Sprachregelung der Nationalsozialisten.
Die meisten Muslime repräsentieren jedoch eben nicht nur eine andere Religion, sondern für den, der in rassischen Kategorien denkt, natürlich auch eine andere Rasse, sie sind den Turkvölkern zugehörig oder aber den Arabern, also Semiten. Deutsch ist häufig (noch) nicht ihre Muttersprache, manche sprechen nur gebrochen Deutsch. Sie sind nicht schon seit vielen Generationen unsere Nachbarn und haben noch nicht in ähnlicher Weise wie einst die Juden eine Art Heimatrecht erlangt. Mehr noch: Waren die Juden, sieht man von einer kleinen orthodoxen Minderheit ab, in Deutschland vorbildlich integriert und in Schlüsselpositionen der Gesellschaft, in der Wirtschaft, in den Medien, an den Universitäten gut vertreten, so trifft all dies im Fall der Muslime nicht zu. Die Muslime sind im heutigen Deutschland und Mitteleuropa viel fremder, viel weniger integriert und gesellschaftlich viel schwächer positioniert, als es die Juden in

Deutschland vor dem Faschismus waren. Die Muslime verfügen häufig nicht einmal über Staatsbürgerschaft und Wahlrecht. Sie bieten sich damit als Wut-Projektionsfläche besonders an, sofern man nicht hoffen will, dass ihre schwache gesellschaftliche Position, ihre ohnedies bestehende Ausgrenzung sie in vielen Bereichen vor noch weiterer Ausgrenzung schützt, zum Beispiel vor gesellschaftlichem Neid, wie er den erfolgreichen Juden bekanntlich entgegenschlug. Aber selbst die Ärmsten scheinen heutzutage vor Neid nicht geschützt: Die Pegida-Anhänger beschweren sich offen über die den Flüchtlingen angeblich zukommenden Vergünstigungen, und fast klingt es so, als wollten sie am liebsten mit ihnen tauschen. Allerdings hatten die Juden trotz ihrer viel größeren gesellschaftlichen Teilhabe das Handicap der jahrhundertealten antisemitischen Tradition, und diese war offenbar wirkmächtiger als die ungleich kürzere Geschichte ihrer Integration.

Ein solches Handicap haben die Muslime auf den ersten Blick nicht. Aber nur auf den ersten. Es gibt nämlich eine ebenfalls jahrhundertealte, ebenfalls bis heute spürbar nachwirkende Geschichte der Auseinandersetzung, der Bekämpfung und versuchten Diskreditierung und religiösen Widerlegung des Islams von den Kreuzzügen und der Reconquista in Spanien über die Türkenkriege auf dem Balkan bis zu den Kolonialkriegen. Viele der eben genannten anti-islamischen Argumente knüpfen an diese Geschichte an, schreiben sich von ihr her oder machen sie sich zunutze. Der potentielle anti-islamische Rassismus kann seine Argumente gegen die Muslime überdies aus der Misere in der islamischen Welt selbst schöpfen. Je schlechter es den Muslimen geht, je mehr Kriege auf ihrem Boden ausgetragen werden, je stärker sie unter autokratischen Herrschern leiden, desto mehr scheint gegen die islamische Kultur als ganze zu sprechen.

Ein weiterer Punkt lässt mich an die Wahrscheinlichkeit einer Umcodierung von anti-jüdischer in anti-islamische Ablehnung glauben. Es ist die unter Islamgegnern so beliebte Erwähnung des muslimischen Antisemitismus und der unter vielen Islamgegnern blind affirmative Blick auf die israelische Politik, der aufhorchen lässt. Was damit vermutlich signalisiert werden soll, ist die dezidierte Abkehr vom alten Rassismus, der in Deutschland vor allem Antisemitismus war. Wer sich so sehr vom Antisemitismus abkehrt, dass er zum pauschalen und unkritischen Verteidiger gleich welcher israelischen Politik wird, kann, so die Logik, kein Rassist sein. Wer kein Rassist sein kann, kann aber dann umso leichter anti-islamisch sein, ist er doch über den Vorwurf des Rassismus erhaben. Auf diese Weise öffnet gerade die allzu ostentative Läuterung vom antisemitischen Rassismus die Hintertür für neue, auf andere Fremde gerichtete Vorurteile, die sich bezeichnenderweise wieder an einem semitischen Objekt, den Arabern und der von ihnen gestifteten Religion austoben.

Seit dem Ende des Zweiten Weltkriegs schien die öffentliche Grobschlächtigkeit, das unverhohlene Äußern rassistischer Argumente weitgehend verschwunden oder auf ein paar Stammtische abgedrängt. Diese Zeit ist spätestens seit dem Auftreten von Pegida vorbei. Aber auch wenn Pegida verschwindet, ist davon auszugehen, dass sich die Stimmung gegen Muslime angesichts der anhaltenden Wirtschafts- und Finanzkrise und neuer terroristischer Anschläge weiter verschärft. Und dass sich der hier skizzierte Rassismus nicht in Worten erschöpft, davon zeugt der erwiesenermaßen rassistisch *und* anti-islamisch motivierte Mord an der Ägypterin Marwa El-Sherbini am 1. Juli 2009 in einem Dresdener Gerichtssaal, den man nicht einfach abtun kann, als hätte er mit den laufenden Islamdiskussionen nichts zu schaffen.

Dasselbe gilt für die NSU-Morde, die nicht zuletzt aufgrund zahlreicher xenophober Vorurteile der Ermittlungsbehörden – etwa der Annahme, es handele sich um Familienfehden oder Mafiamorde, was eine Kulpabilisierung der Opfer bedeutet – jahrelang unaufgeklärt blieben und überdies die Frage aufwerfen, ob es so etwas wie einen strukturellen und bis tief in die staatlichen Institutionen hinein verinnerlichten anti-islamischen Rassismus gibt.

Drittes Kapitel

Der Think-Tank von Pegida: Die Islamkritik

Das Gespräch über den Islam wird nicht aus der Mitte heraus geführt, ausgehend von gemeinsamen und von allen geteilten Grundlagen, sondern von den extremen Rändern her; es scheint nur ein Entweder-oder zu geben, ein Für oder Gegen, in der es jeder Seite darum geht, den unentschiedenen oder gleichgültigen Teil der Bevölkerung auf seine Seite zu ziehen. Dieser Eindruck wird durch die Tendenz vor allem der visuellen Medien verstärkt, die Gäste ihrer Talkshows möglichst antagonistisch auszuwählen, statt an einem Erkenntnisinteresse, einem eventuell zu erreichenden Konsens interessiert zu sein. Es wird verstärkt durch die leichte Selbstorganisation, Vernetzung und Publikationsmöglichkeit interessierter, oft radikaler Gruppen im Internet.

Diese weitgehend künstlich und von den Medien geschürte Konfrontation der Meinungen zum Islam hat die gesellschaftliche Atmosphäre vergiftet und färbt auf unseren Umgang mit Muslimen sowie überhaupt mit Einwanderern negativ ab. Auf Vortragsveranstaltungen zur Thematik im ganzen Bundesgebiet erlebe ich regelmäßig, mit welcher Heftigkeit die unterschiedlichen Fraktionen im Publikum aufeinander und manchmal auch auf den Dozenten reagieren. Vor allem aber lässt sich diese Konfrontation nicht lediglich aus der Sache selbst, aus dem Islam als Religion und der Präsenz von Muslimen in Europa begründen. Jedem nachdenklichen Beobachter sollte klar sein, dass es in Islamfragen auch gute Gründe für eine ausgewogene, ja vielleicht sogar entspannte Position zwischen den extremen Polen der Meinung geben muss, zwischen den Islamkritikern auf der einen Seite und wem, ja wem eigentlich auf der anderen? Es sind ja nicht die radikalen Muslime, die sich mit unseren Islamkritikern in den Medien die Rededuelle liefern.

Dass die Islamkritiker gegen Muslime Stimmung machen, wissen wir. Aber mit wem streiten sie dabei eigentlich? Mit Salafisten, ihren natürlichen Gegnern, in aller Regel ja nicht! Im Spektrum der Meinungen zum Islam in Europa, das heißt außerhalb der islamischen Welt selbst, fällt nämlich auf, dass von einer „Islamverherrlichung“[13] nur in eng begrenzten Milieus die Rede sein kann, die bei uns wenig öffentliche Präsenz haben und als Gegner der Islamkritiker nur am Rand in Erscheinung treten. Dazu zählen beispielsweise strenggläubige Muslime, etwa die Salafisten, dazu zählen manche Konvertiten sowie Gruppen im Umfeld von New-Age-Bewegungen, die sich meistens auf den Sufismus, die islamische Mystik, berufen. Auch einzelnen Islamwissenschaftlern wurde bisweilen eine allzu blauäugige Sicht auf den Islam vorgeworfen, etwa der 2003 verstorbenen Annemarie Schimmel.

Der Hauptgegner der Islamkritiker ist eine andere, deutlich einflussreichere Denkströmung, als deren Stammvater der palästinensisch-amerikanische Literaturwissenschaftler Edward Said (1935–2003) gelten kann. In seinem Werk *Orientalismus* (1978, dt. 1979) stellte Said die These auf, dass das Aufkommen einer wissenschaftlichen Orientalistik und des populären Orientbildes im 19. Jahrhundert durch den Kolonialismus Englands und Frankreichs geprägt wurde. Said geht dabei kritisch auf zwei der Gründerväter der akademischen Orientalistik ein, Sylvestre de Sacy (1758–1838) und Edward Lane (1801–1876). Doch auch der Orientalismus, wie er im 19. Jahrhundert in Kunst und Literatur erschien, wird bei Said nicht viel positiver bewertet als die akademische Orientalistik (auf Deutsch unterscheiden wir das Fach Orientalistik vom Orientalismus als Phänomen in Kunst und Literatur – eine Unterscheidung, die in den meisten anderen Sprachen, darunter dem Englischen und Arabischen, unter den Tisch fällt, was oft beträchtliche Verwirrung stiftet). Flaubert zum Beispiel, konstatiert Said, findet auf seiner Ägyptenreise auffällig oft genau die Merkwürdigkeiten, die ihm Edward Lane in seinem ethnologischen Bericht über die „modernen“ Ägypter von 1836 in den Mund legt, und für fast alle westlichen Arabienfahrer bis weit ins 20. Jahrhundert gilt, dass eine Reise in den Orient, auf der man nicht das in Europa herrschende Klischee vom Orient findet, keine ordentliche Orientreise ist. Besonders brisant ist Saids Feststellung, dass sowohl die akademische Orientalistik als auch der davon zu unterscheidende Orientalismus in Kunst und Literatur ideologische, ja teils offen rassistische Haltungen pflegte, die wiederum von Politikern und Meinungsmachern aufgenommen wurden, um Eingriffe in den Orient zu rechtfertigen. Aussagen wie die folgende des bekannten Orientalisten William Muirs (1819–1905) sprechen für sich und wurden von Politikern wie Lord Cromer bereitwillig rezipiert: „Das Schwert Mohammeds und der Koran sind die beiden schlimmsten Feinde der Zivilisation, der Freiheit und der Wahrheit, welche die Welt je gesehen hat.“[14] Von solchen Aussagen lässt sich eine gerade Linie bis zu Pegida und den Islamkritikern von heute ziehen, ja ein argwöhnischer Beobachter könnte sogar versucht sein, noch die Regensburger Rede von Papst Benedikt XVI. in dieser Tradition zu sehen.[15] Wenn Edward Said mit seinem Klassiker *Orientalismus* bis heute umstritten ist und den Zorn der Islamkritiker auf sich zieht, liegt das exakt am langen Nachleben genau derjenigen Einstellungen gegenüber dem Orient, die Said bei den von ihm untersuchten Autoren herausarbeitet. Kennzeichnend für diese Autoren ist ein selbstherrlicher Reflex, der von der zivilisatorischen Überlegenheit des Westens überzeugt ist, eine Überzeugung, die nach 2001 in Form von Argumenten für die westlichen Eingriffe in der islamischen Welt wiedergekehrt ist.

Zugegebenermaßen werden problematische Aspekte des Islams in der von Edward Said geprägten Denkrichtung nicht oder nur selten thematisiert, und zwar deshalb, weil gefürchtet wird, dass sie als Rechtfertigung für orientalistische Klischees und hegemoniale Ansprüche missbraucht werden können, wie es im Kolonialismus der Fall war und heute bei den Islamkritikern wieder der Fall ist. Edward Saids Denken ist ja bereits eine Reaktion auf die abendländischen Traditionen im Umgang mit dem Orient, die sich in der heutigen Islamkritik explizit wiederfinden. Obwohl der Begriff Islamkritik eher neueren Datums ist, ist die Islamkritik keineswegs eine Frucht der Anschläge des 11. September 2001, wie zu ihrer Rechtfertigung (als einer Art Verteidigungsbewegung) von ihren Vertretern gern behauptet wird. So schreibt zum Beispiel Henryk Broder in seiner Rezension zu Patrick Bahners' Buch *Die Panikmacher,* das seinerseits eine entschiedene Widerlegung der Islamkritik darstellt: „[...] nur eine Information verkneift er [Bahners] sich: wie die ‚Islamkritik' als Diskursgegenstand in die Welt gekommen ist. Dabei kann man den Zeitpunkt auf die Minute genau festlegen: Es war der 11. September 2001, um 8.46 Uhr New Yorker Zeit. Bis dahin beschränkte sich ‚Islamkritik' auf die Frage, ob man als Urlauber in Ägypten oder in Tunesien mehr für sein Geld bekommt. Der Unterschied zwischen Islam und Islamismus wurde, wenn überhaupt, in Doktorandenseminaren thematisiert."[16] So Broder.

Doch das ist Augenwischerei. Die wichtigsten Werke, auf die sich die Islamkritik bis heute beruft, sind vor dem 11. September 2001 erschienen: Bat Ye'ors (geb. 1933) seit den siebziger Jahren publizierte Pseudostudien über das Verhältnis von Muslimen und Andersgläubigen[17], Samuel Huntingtons *Kampf der Kulturen* (1996), die Bücher des 1916 geborenen amerikanischen Islamwissenschaftlers Bernhard Lewis oder für den deutschsprachigen Bereich die in den neunziger Jahren publizierten Studien des syrischstämmigen Göttinger Politikwissenschaftlers Bassam Tibi.[18] Einschlägig für die intellektuelle Munitionierung der Islamkritik vor dem 11. September 2001 war in Deutschland ferner der in der

Zeitschrift *Merkur* (558/559) erschienene Aufsatz von Siegfried Kohlhammer, „Die Feinde und die Freunde des Islam" – so einschlägig, dass der *Merkur* diesen Text nach dem 11. September noch einmal nachdruckte (in Heft 631).

Naturgemäß zählt also Edward Said zu den Lieblingsfeinden der Islamkritik, die jedoch, da ihre Argumentationsmuster in die Ära vor Edward Said zurückfallen, das eigentliche Dilemma der von Said geprägten Denkrichtung (oft „Postcolonial Studies" genannt) nicht in den Blick bekommt: Diese am Werk Michel Foucaults geschulte Diskurs- und Machtkritik wäre nur konsequent, wenn sie neben der westlichen Diskursmacht gegenüber dem Orient auch einen islamischen Diskurs mit berücksichtigte, der sich gegen alles richtet, was seiner eigenen Deutung gemäß unislamisch ist und der sich in der islamischen Geschichte ebenso findet wie in modernen fundamentalistischen Strömungen. Eine Machtkritik, die in den Verdacht gerät, parteiisch zu sein, wird unglaubwürdig und macht sich angreifbar. Sie unterminiert ihre eigene Sache.[19]

Wenn aber gesagt wurde, dass die aktuelle Islamkritik argumentativ im Prä-Edward-Said-Stadium verharrt, so ist davon eine bemerkenswerte Ausnahme zu machen. Die Islamkritik hat sich nämlich sehr erfolgreich emanzipatorische Positionen zu eigen gemacht, die ein Produkt derselben weltanschaulichen Strömungen sind – Marxismus und Postmoderne –, ohne die auch Edward Said und seine Schule nicht denkbar sind. Das Ergebnis dieser Aneignung besteht darin, dass der Feminismus und die Homosexuellenbewegung der Islamkritik einige ihrer zugkräftigsten Argumente bescheren.[20]

Wer den Begriff Islamkritik geprägt hat, ist vorläufig unklar. Es handelt sich um einen sehr deutschen Begriff, der im Fall der Übersetzung viel von seiner Eingängigkeit einbüßt. Das Wort Islamkritik ist damit analog zu Begriffen wie Kulturkritik oder Gesellschaftskritik gebildet. Wie es Kultur-, Regime- und Gesellschaftskritiker gibt, gibt es nun auch

Islamkritiker. Islamkritik zehrt vom guten Ruf, den kritische Haltungen in unserer Gesellschaft haben.

Ob die Islamkritik aber für den Islam das leistet, was die Gesellschaftskritik für die Gesellschaft, die Kulturkritik für die Kultur leistet, hängt von ihrem Niveau ab. Im Unterschied zur Gesellschaftskritik oder Kulturkritik fällt aber auf, dass die Islamkritiker, mit Ausnahme der Muslime unter ihnen, sich nicht als Teilmenge des Islams begreifen (auch viele islamkritische oder sogenannte Ex-Muslime tun das übrigens nicht mehr, da sie sich in der Regel nicht mehr als Gläubige betrachten), während der Kulturkritiker jedoch zwangsläufig Teil der Kultur ist, die er kritisiert. Seine Kritik ist damit immer auch Selbstkritik, so wie es die Kritik sich nach wie vor zum Islam *bekennender* Muslime wäre, oder wie es die Kirchenkritik des aus der Kirche ausgetretenen Kirchenkritikers war, sofern er die Kirche noch als Christ kritisierte und nicht etwa als Marxist. Das heißt: Der muslimische Islamkritiker sieht den Splitter im eigenen Auge; der nicht-muslimische macht daraus den Balken im Auge des anderen. Halten wir daher fest, dass nicht-muslimische Islamkritik den Kritisierenden nichts kostet und ihm nicht weh tut.

Auch deswegen, weil die Islamkritik eine Kritik von außen ist und eben nicht selbstkritisch, ist sie schon lange vor dem Auftreten von Pegida oft mit Antisemitismus und Rassismus verglichen worden. Viel Aufsehen erregt haben in diesem Zusammenhang die verschiedenen Äußerungen von Wolfgang Benz, ehemaliger Direktor des Zentrums für Antisemitismusforschung an der TU Berlin, der von einer unübersehbaren „Parallele“ zum Antisemitismus des 19. Jahrhunderts spricht.[21] Um zu erläutern warum, können wir Saul Friedländer zitieren, den Friedenspreisträger des Deutschen Buchhandels von 2007. In seinem Standardwerk *Das Dritte Reich und die Juden* beschreibt er die Situation der Juden um die Wende vom 19. zum 20. Jahrhundert in Deutschland wie folgt: „Liberale verlangten, die Juden sollten im Namen universalistischer Ideale das vollständige Verschwinden ihrer spezifischen Gruppenidentität akzeptieren; Nationalisten dagegen verlangten ein derartiges Verschwinden zugunsten einer höheren partikularistischen Idee, der des modernen Nationalstaats."[22]

Nahezu identische Einstellungen finden sich heute gegenüber den Muslimen. Diese islamkritische Haltung prägte auch die Diskussionen um die Aussage des Bundespräsidenten Christian Wulff vom 3. Oktober 2010: „Auch der Islam gehört zu Deutschland." Die Parallelen zum Antisemitismus tauchen die Islamkritik in ein Zwielicht, über das sich diese erst langsam Rechenschaft ablegt. Selbst wenn man islamkritischen Positionen nicht pauschal rassistische oder dem Antisemitismus verwandte Haltungen unterstellen will, muss man festhalten, dass hier die weltanschaulich und religiös begründete Ablehnung mit einer solchen korreliert, die durch den bloßen Anblick fremd oder anders wirkender Menschen motiviert werden kann. Muslime sehen nun einmal häufig etwas anders aus als die meisten Mitteleuropäer; oder sie kleiden sich anders, was die Islamkritiker, wie wir an den Kopftuchdebatten sehen, besonders stört. Islamkritik ist damit zwar nicht identisch mit Rassismus. Aber sie ist rassistischen Tendenzen gegenüber anschlussfähig und liefert dem Rassismus scheinrationale Argumente. Das macht sie angreifbar, zumal kaum einer ihrer namhaften Vertreter dies als Problem wahrzunehmen scheint und es thematisiert. Es gehört zum Charakteristikum der Islamkritik, dass sie sich gegenüber ihren schmuddeligen Rändern nicht entschieden genug abgrenzt. Zwar will niemand derzeit mit Pegida in einen Topf geworfen werden, auch viele Islamkritiker nicht. Aber von den aus der Islamkritik stammenden islamfeindlichen Thesen Pegidas will gleichwohl niemand abrücken.[23] Ähnlich wollten auch manche Antisemiten in der Zwischenkriegszeit zwar zu den Nazis, die ihnen zu unfein

waren, die Distanz wahren, beharrten aber nichtsdestotrotz auf ihren antisemitischen Meinungen.
Man säße einer Illusion auf, wenn man glaubte, man könnte die islamkritischen Thesen mit Hilfe schierer islamwissenschaftlicher Sachkenntnis in wahre und falsche Behauptungen aufteilen und so eine sachliche Auseinandersetzung in die Wege leiten, die zu fundierten Aussagen über den Islam und über die Muslime führte. Es wäre naiv, anzunehmen, Islamkritiker überzeugen oder mit guten Gründen zu einer Revision oder Abmilderung von Ansichten bewegen zu können. Islamkritik ist nicht falsifizierbar, sondern funktioniert wie ein Glaube an bestimmte Dogmen. Wer unter den Islamkritikern seine Ansichten revidiert, abmildert oder weniger absolut setzt, hat damit zu rechnen, selber wieder von der Islamkritik angegriffen zu werden.[24]
Trifft aber diese Behauptung über den unverbesserlichen Kern der Islamkritik zu, wird sie doch sofort durch die Tatsache entwertet, dass die Islamkritiker von ihren Gegnern Gleiches behaupten. Eine Beschreibung der Islamkritik, ebenso wie eine Auseinandersetzung mit ihr, die über Tatsachen oder Tatsachenbehauptungen geführt wird, dürfte deshalb zu keinem brauchbaren Ergebnis kommen. In seiner 2011 erschienenen anti islamkritischen Streitschrift *Die Panikmacher* lässt sich Patrick Bahners auf Diskussionen über die Natur des Islams daher überwiegend gar nicht erst ein.[25] Er hinterfragt vielmehr die immanente Schlüssigkeit islamkritischer Thesen und analysiert ihre rechtlichen und weltanschaulichen Implikationen. Diese dem Publikum bewusst zu machen, wie Bahners es tut, bedeutet, die Frage zu stellen, ob wir – also das Publikum – diese Konsequenzen wirklich wollen oder nicht.
Islamkritische Behauptungen sind, obwohl sie in Form von Wirklichkeitsaussagen daherkommen, in aller Regel verkappte (negative) Werturteile. Ihre Evidenz beziehen sie eben nicht aus dem Islam selbst, der dem Durchschnittspublikum

ohnedies weitgehend unbekannt ist, sondern dadurch, dass sie mit bereits vorhandenen, bewussten oder unbewussten Werturteilen über den Islam *harmonieren* – eine Religion, die oft als fundamental fremde Kultur begriffen wird. Islamkritische Urteile *sind* nicht richtig oder falsch und müssen sich nicht an der Wirklichkeit messen lassen. Sie müssen in den Ohren des Publikums nur richtig *klingen*. Sie klingen aber fast immer richtig, aus dem einfachen Grund, dass sie einer Selbstversicherung und Selbstvergewisserung *ex negativo* dienlich sind. Jeder islamkritische Satz enthält eine implizite Aufwertung aller Teile des Publikums, die sich nicht zum Islam rechnen, die keine Muslime sind oder sich, wie etwa Atheisten, nicht mehr als solche begreifen. Der semantische Wert islamkritischer Sätze liegt nicht in ihrem Gehalt, sondern in ihrer Bereitschaft zum Urteil.

Anhand eines typischen islamkritischen Satzes sei das aufgezeigt. „Der Islam will die Welteroberung“[26] ist eine Behauptung, die sich aus der Sache heraus, also der Theologie und Geschichte des Islams, weder endgültig belegen noch widerlegen lässt. Wäre man an einer sachlichen Erörterung interessiert, müsste man sich auf eine weitaus weniger weitreichende Aussage festlegen, etwa wie folgt: Der Islam ist eine Religion mit weltmissionarischem Anspruch, vergleichbar dem Christentum. Wie im Christentum finden sich im Islam sowohl Beispiele für die Ausbreitung auf gewaltsame als auch auf friedliche Weise, finden sich sowohl „Kreuzzügler“ als auch „Missionare“. Man kann aber nicht die friedliche Ausbreitung des Frühchristentums zur einzig wahren Natur des Christentums verklären und die im Zuge von Eroberungen sich vollziehende Ausbreitung des Islams seit der Hidjra im Jahr 622, dem Beginn der islamischen Zeitrechnung, zur einzig wahren des Islams, nur weil der Pazifismus (der martialischen Rhetorik vieler Islamkritiker zum Trotz) immer noch irgendwie in Mode ist und man sich selbst gern den friedliebenden Menschen zurechnet. Selbst wenn gälte, dass

„eine Offenbarungsreligion ihrem Ursprung ausdrücklich verpflichtet ist“,[27] müsste man doch zugestehen, dass die Europäer von heute mit den frühen Christen mindestens so wenig gemein haben wie die heutigen Muslime mit denen des siebten Jahrhunderts.

Wiewohl unsachlich, hat der Satz von den islamischen Welteroberungsgelüsten spätestens seit den Anschlägen vom 11. September 2001 eine große *gefühlte* Evidenz. Er entwirft den Islam als Weltschurken, als Gegenteil eines idealisierten friedlichen Christentums. Auch unabhängig vom Christentum hält die große Mehrheit der Bundesbürger – anders als noch ihre für das „Tausendjährige Reich“ kämpfenden (Ur-)Großväter – ein Welteroberungsstreben vermutlich für verwerflich. Gelingt es daher nun, ein solches kriegerisches Bild des Islams medial weithin zu verbreiten, wird sich jeder, der sich für einen rechtschaffenen Bundesbürger und dieses Bild für zutreffend hält, vom Islam abgestoßen fühlen. Zugleich ist er in den billigen Genuss einer genuinen moralischen Empfindung gekommen, einer moralischen Empfindung, die unsere überkomplexe Gesellschaft selten gewährt: Für einmal ganz sicher zu wissen, was richtig, beziehungsweise falsch ist: Die Welteroberung. Also der Islam.

Die eigentlichen Leistungen und Errungenschaften der Islamkritiker bestehen nicht in ihren Erkenntnissen über den Islam, sondern in der Schaffung einer hohen Anzahl moralischer Urteile sowie emphatisch für die eigene Sache reklamierter Werte. Islamkritik dient zur Selbstbesinnung. Dagegen wäre nicht das Geringste einzuwenden, täte sie dies nicht auf Kosten einer in Europa minoritären Gruppe von Menschen, die man auch auf globaler Ebene kaum zu den Gewinnern der letzten zwei bis drei Jahrhunderte zählen kann. Mit anderen Worten: Die Selbstbesinnung eines militärisch, ökonomisch und kulturell überlegenen Abendländers findet auf Kosten der Verlierer der Geschichte statt. Das ist nicht

sehr christlich. Ob es von weltlicher Weisheit kündet, ist zumindest fragwürdig.
Die Islamkritik begründet mit der Ablehnung des Islams das Axiom eines komplexen Systems von Werten und Weltanschauungen. In simpler Syllogistik folgt aus dieser Ablehnung alles Weitere, und dieses Gefolgerte begründet dann wieder die Ablehnung des Islams. Weil der Islam schlecht ist, so die Logik, ist er unvereinbar mit dem, was nach unserer Auffassung gut ist: Demokratie, Freiheit, Individualität, Gleichberechtigung, Aufklärung und was einem einfallen mag. Wenn aber der Islam unvereinbar ist mit Demokratie, Freiheit, Aufklärung usw., dann kann er nur schlecht sein. Die vollendete Tautologie dieser Schlussfolgerungen erschließt sich leicht. Mit dem realen, in Historie und Theologie nachweisbaren Islam haben sie längst nichts mehr zu tun.
Um zu seinen Bewertungen zu kommen, muss der Islamkritiker davon ausgehen, dass der Islam seinem Wesen nach durch alle Zeit weitgehend mit sich selbst identisch geblieben ist, also eintausendvierhundert Jahre lang, und in einem geographischen Raum, der den halben Erdball umfasst. Der Islam wäre das beständigste mit sich selbst identische kulturelle System der Weltgeschichte und damit nichts Geringeres als ein Wunder: Nähmen wir die Islamkritik ernst, müssen wir an Allah glauben. Freilich, kaum jemand außerhalb von Pegida und dem harten Kern der anti-islamischen Blogosphäre nimmt die Islamkritiker in *allen* ihren Annahmen und Befürchtungen ernst. Aber ein beträchtlicher Teil der Bevölkerung, wie wir sie aus Leserbriefen und Umfragen kennen, und ein noch beträchtlicherer Teil unter Politikern, Berufsbeamten, Intellektuellen übernimmt mit der ein oder anderen Variation zentrale Thesen der Islamkritiker.
Im harmlosesten Fall verdirbt die Islamkritik damit die Stimmung zwischen Alteingesessenen und Zugewanderten im Land. Im schlimmsten lässt sie sich als Rechtfertigung zum

Mord verstehen. Der Mord an der ägyptischen Pharmazeutin Marwa El-Sherbini in einem Dresdener Gerichtssaal am 1. Juli 2009, einer der entsetzlichsten der bundesdeutschen Rechtsgeschichte, darf als das erste derartige Verbrechen gelten, das sich unmittelbar mit dem islamkritischen Diskurs in Deutschland in Verbindung bringen lässt. Ebenso müssen wir die NSU-Morde dazuzählen, vor allem die Tatsache, dass sie viel zu lange nicht als anti-islamische Taten wahrgenommen werden wollten – zum einen weil der anti-islamische Terror erst mit dem Massaker von Anders Breivik als Möglichkeit ins Bewusstsein der Öffentlichkeit trat (vorher beschränkte er sich auf das freilich nicht minder mörderische Abfackeln von Asylbewerberheimen oder Einzeltaten); zum anderen aber auch, weil die Islamkritik und das von ihr geschürte anti-islamische Ressentiment von jeher den Muslim als potenziellen Gewalttäter konstruiert, nicht als Opfer; und die Muslime daher auch von den Untersuchungsbehörden primär als Täter und Tatverdächtige und nicht als Opfer gesehen und behandelt worden sind.

Hinzu kommt als hochproblematische Folge der Islamkritik die Neigung mancher Politiker, islamkritische Positionen per Gesetz festzuschreiben (etwa das Kopftuchverbot für Lehrerinnen in manchen Bundesländern), sowie jede Menge unsinniger Behauptungen, deren gebetsmühlenartige Wiederholung genau die Werte aushöhlt, die angeblich hochgehalten werden. Wenn in islamkritischen Kreisen zum Beispiel das Wort Aufklärung benutzt wird, bedeutet dies leider oft, dass Aufklärung im ursprünglichen Sinn eines selbstständigen und selbstkritischen Denkens nicht gemeint sein kann. Aufklärung wird dann zur Phrase, die nichts als die Gegenposition zu dem von der Islamkritik imaginierten, aber wenig realen Islam meint und die jede Form der Nachdenklichkeit im Umgang mit dem Islam zu einem Akt der Aufklärungsfeindschaft erklärt.

Die keinem Beobachter entgehende krisenhafte Situation in den meisten islamischen Ländern, die seit Jahrzehnten bestehende Verstocktheit vieler religiöser Denker, vor allem in der islamischen Welt, das katastrophale Bildungssystem und die prekäre wirtschaftliche, soziale und kulturelle Lage vieler Muslime im Westen munitioniert den Islamkritiker mit scheinbar schwer zu widerlegenden Argumenten über die Minderwertigkeit des Islams. Je prekärer die Lage des Islams und der Muslime wird, desto bessere Argumente hat er an der Hand. Die offenbar aus einem politischen Partizipationswillen, sprich demokratisch inspirierten Revolutionen in Tunesien und Ägypten seit dem Jahr 2011 bringen die Islamkritiker daher in Verlegenheit. Angesichts dessen, was nicht sein darf, beeilen sie sich, ihr angelerntes Wissen zu bekräftigen: „Der Islam war von Anfang an eine Einheit von Religion und staatlicher Herrschaft. Demokratie setzt aber die Trennung der beiden Bereiche voraus, die es dort nirgendwo [sic] gibt. Und wenn wir uns schon im Westen heute – lange nach der Epoche der Aufklärung – verzweifelt fragen, warum es nicht mehr mündige, rational denkende Menschen als Basis von Politik und Gesellschaft gibt, wie soll dann im Islam ‚Demokratie' entstehen, wo sogar ein Beginn der Aufklärung noch aussteht", meinte Manfred Herzog aus Leverkusen in einem Leserbrief an die *Frankfurter Allgemeinen Zeitung* am 5. Februar 2011 zu den Protesten in der arabischen Welt.
Das ist, ironisch gesagt, in etwa die Unterstützung, die die arabischen Demokraten sich vom Westen erhoffen. „Wahrscheinlich kann eine reife Demokratie nur auf Basis des christlichen Menschenbildes entstehen und bestehen", ergänzt auf derselben Leserbriefseite Herbert Klupp aus Rüsselsheim. Ob in diesen Nachrichten nun Aufklärung oder Christentum für die Demokratie sorgen, ist letztlich gleichgültig: Hauptsache, wir sind es, nicht die Muslime. Islamkritiker müssen auf das Scheitern aller Demokratisierungsversuche in

der islamischen Welt hoffen, andernfalls ginge ihr Weltbild in die Brüche.

Der ägyptische Politologe Hamed Abdel-Samad, ein beliebter muslimischer Gewährsmann der Islamkritiker und in dieser Funktion oft in der Tageszeitung *Die Welt* zu lesen, löste in Teilen der *Welt*-Leserschaft beträchtliche Irritationen aus, als er nach einem Anschlag auf einen koptischen Gottesdienst in Alexandria die durch die Mubarak-Diktatur angestaute Frustration eine der Ursachen des Terrorismus nannte.[28] Eine der ersten Leserreaktionen lautete unverblümt, dass dies Augenwischerei sei. Solange man nicht erkenne, dass der Islam die Anbetung des Bösen an sich sei, sei alles andere ein Herumdoktern an Symptomen.[29] Selbst ein Walter Laqueur, in seinem Buch mit dem einschlägigen Titel *Die letzten Tage von Europa* ein weiterer Pegida-Vordenker und Warner vor der Islamisierung, tat sein Unbehagen gegenüber den Thesen von Hamid Abdel-Samad kund,[30] als dieser mit seinem Buch *Der Untergang der islamischen Welt* eines der zentralen Dogmen der Islamkritik anzweifelte: Dass nämlich der Islam im Aufwind begriffen sei und immer gefährlicher werde, der Westen also in einen Abwehrkampf genötigt werde. Wenn die islamische Welt aber unübersehbare Zeichen des Untergangs zeigt, wie Hamid Abdel-Samad nicht weniger undifferenziert behauptet, dann kann der Westen ihr allenfalls den Gnadenstoß versetzen – fürchten muss er sie nicht. Die Islamkritik hätte ausgedient. Dass der islamische Fundamentalismus, zumal der gewaltbereite, eine große Herausforderung darstellt, wird nur ein Narr leugnen. Die Auseinandersetzung mit diesem Fundamentalismus, gleich ob gewaltbereit oder nicht, ist auf allen Ebenen zu führen, wobei der größte Verbündete des Westens dabei die Muslime selber sind: Sie vor allem leiden unter dem islamistischen Terror und der fundamentalistisch begründeten Beschneidung elementarer Rechte dort, wo der Islamismus staatstragend ist: Unter allen islamischen Ländern übrigens gegenwärtig in Reinform nur in Iran und Saudi-Arabien.

Wenn die Gefahren des politischen Islams aber so groß sind, wie die Islamkritik behauptet, schiene es doch angeraten, nicht nur Iran, sondern auch Saudi-Arabien, den Hauptförderer der sunnitisch-fundamentalistischen Mission, politisch und wirtschaftlich zu isolieren. Aber wenn es ums Geld geht, setzt auch beim Islamkritiker der Realismus ein: So groß erscheint ihm die Gefahr dann doch nicht, dass ihm ein Benzinpreis von zwei Euro infolge eines Boykotts saudischen Öls politisch vermittelbar wäre.

Heißt das in diesem Beitrag Gesagte, wie die Islamkritik unterstellen wird, dass problematische Phänomene, die unter dem Namen des Islams auftreten, nicht kritisiert werden dürfen, dass die Gefühle von Muslimen sakrosankt sind oder die Probleme in der islamischen Welt nicht auch etwas mit der Religion oder den Ansichten vieler ihrer Vertreter zu tun haben können? Sicherlich nicht. Allerdings ist die Kritik an problematischen Aspekten des Islams zuerst die Aufgabe der Muslime selbst, eine Aufgabe übrigens, die jedenfalls die Intellektuellen unter ihnen in großer Zahl annehmen.[31] Man kann ihnen diese Kritik schmackhaft machen, man sollte Fragen stellen, Anregungen geben, nachbohren, auf den Punkt bringen. Man soll selbstverständlich seine hoffentlich wohlüberlegte, fundierte und differenzierte Meinung sagen dürfen. Wenn man an einem Gespräch und der Entwicklung von Beziehungen mit Muslimen interessiert ist, nicht an wechselseitigen Vorwürfen und Beschimpfungen, wird man dabei auf kluge Weise abwägen zwischen den Erfordernissen von Diplomatie und Höflichkeit und denen von Deutlichkeit und Offenherzigkeit.

Eine Beeinflussung der islamischen Theologie und Exegese, die eigentliche Aufklärung des Islams als Religion also, wird sich nicht, wie die Islamkritik glaubt, über lautstark erhobene Forderungen und Anwürfe vollziehen, sondern über exakte philologische Forschung. Wem es unter unseren Politikern ernsthaft um eine Entwicklung des Islams zu tun ist, der wird keine Kopftuchverbote erlassen, sondern die personelle Ausstattung der islamwissenschaftlichen Seminare verbessern, den studentischen Austausch forcieren und insgesamt die philologischen Disziplinen und mit ihnen die Pflege auch des eigenen geistigen Erbes fördern: Ein Phänomen wie die Islamkritik ist zu erklären nicht allein aus der krisenhaften Begegnung mit dem Islam, sondern auch aus einem Mangel an Bildung, Ethik und Denkkultur, einem veräußerlichten, oft undurchdachten Bezug zu den eigenen, nur noch als Worthülsen rezipierten kulturellen Traditionen – Aufklärung eingeschlossen!

Viertes Kapitel

Die ideologischen Hintergründe der Islamfeindschaft

Das Wunderliche an der islamkritischen Bewegung, wie sie sich in der Gegenwart des Jahres 2015 in den „Patriotischen Europäern gegen die Islamisierung des Abendlandes“ und zuvor Anti-Moscheebau-Bewegungen, Anti-Islam-Konferenzen und zahlreichen Büchern und Beiträgen in seriösen und weniger seriösen Medien geäußert hat, besteht darin, dass heute kaum ein ernstzunehmender Mensch die Gefahren des gewaltbereiten fundamentalistischen Islams leugnet, schon gar kein Verantwortlicher in der Politik. Wenn aber doch eigentlich nicht mehr lauthals gewarnt werden müsste, weil die Gefahr erkannt ist; wenn es langweilig, ja redundant wird, den Islam zu kritisieren, weil angesichts des insgesamt eher bemitleidenswerten Bildes, das diese Religion heute bietet, nichts einfacher und wohlfeiler zu haben ist als die Islamkritik; dann liegt die Vermutung nahe, dass die gebetsmühlenhaft wiederholte Aufzählung der islamischen Unzulänglichkeiten und des islamischen Sündenregisters Gründe hat, die sich selbst genügen; und dass die Auseinandersetzung mit dem Islam eine stabilisierende, das jeweilige Weltbild der Akteure immer neu bestätigende Funktion hat. Sie ähnelt damit einem Ritual. Mangels eines passenderen Begriffs nenne ich diese Gründe, aus denen dieses Ritual praktiziert wird, ideologisch. Um welche Ideologien handelt es sich dabei vor allem?

Viele der Protagonisten der Anti-Islam-Bewegung sind Exkommunisten, Alt-Linke oder Neokommunisten. Sehr deutlich ließ sich dies schon lange vor Pegida konstatieren, zum Beispiel an den Hauptrednern einer sogenannten „kritischen Islamkonferenz“ in Köln vom 31. Mai 2008 ablesen. Es waren die in Deutschland lebende iranische Kommunistin Mina Ahadi, der einstige Stalinanhänger Ralph Giordano und der

Neokommunist Hartmut Krauss. Außerdem hatte Günter Wallraff die Teilnahme zugesagt – er trat jedoch nicht auf. Die den Kommunismus und das linksgerichtete Milieu insgesamt prägende Religionsfeindschaft, die sich bis dahin vor allem in der Gegnerschaft zum Christentum, teils auch in Diskriminierungen der Juden oder in der Unterdrückung des Konfuzianismus äußerte, wird in der Publizistik dieser Richtung auf den Islam projiziert. Vor dem Hintergrund der von Marx und Lenin formulierten Annahme, dass die Religion „Opium fürs Volk" sei, schmilzt dabei der Unterschied zwischen der Weltreligion Islam und dem modernen islamischen Fundamentalismus zu einer Quantité négligeable zusammen. Als Ausformung der Religion ist beides gleichermaßen reaktionär, eine „vormoderne Herrschaftsideologie" (Krauss). Allenfalls tritt im Islamismus die giftige Wirkung des „Rauschgifts" unverstellter zutage und enthüllt dadurch die wahre Natur des gesamten Islams.

Vielfach abgemildert und in allen erdenklichen Abstufungen und Differenzierungen findet eine aus diesem Geist heraus begründete Haltung zum Islam bei vielen der intellektuellen Protagonisten der Achtundsechziger oder derjenigen, die im achtundsechziger Umfeld sozialisiert wurden. Häufig wird dabei mittlerweile so argumentiert, dass die ideologischen Gründe in den Hintergrund treten und nur noch als Entwicklungsstadium der später erlangten differenzierten Position vermutet werden können. Spätestens von diesem Stadium an wird in der Regel deutlich zwischen Islam und Islamismus unterschieden. Anders als die erstgenannten Positionen sind solche zweifellos diskussionswürdig.

Mit einem anderen Akzent tritt uns die marxistische Islamfeindschaft bei bestimmten Gruppen von säkularisierten Muslimen (zumal im Exil) entgegen, die eine kommunistische Vorprägung hatten, wie etwa die genannte Mina Ahadi und viele andere iranische Exilanten. Nach der Vertreibung des Schahs 1979 hofften sie vergeblich, ihre gesellschaftlichen

Visionen durchsetzen zu können. Viele von ihnen sind in den ersten Jahren der Revolution in den Gefängnissen der Islamischen Republik gefoltert oder getötet worden (so auch der Mann von Mina Ahadi). Die Abneigung dieser Menschen gegen den Islam ist überaus nachvollziehbar, aber es versteht sich zugleich, dass sie kein guter Ratgeber für eine sachlich geführte Debatte über den Islam ist. Die Aufschlüsselung ideologischer Positionen wird nicht erleichtert dadurch, dass man mit einer linksgerichteten politischen Position genauso gut für den Islam sein kann. Ich kenne Publizisten aus dem Umfeld der Altachtundsechziger, die sich über den letzten iranischen Präsidenten Ahmedinedschad auffallend apologetisch äußern. Die Verurteilung der US-amerikanischen Politik wirkt als einigendes Band und lässt die beklagenswerten innen- und außen-politischen Folgen der Politik Ahmedinedschads bei der Beurteilung in den Hintergrund treten. Hier wie dort, bei der Islamkritik wie der Islamapologie aus dem linken Lager, sind alte Reflexe ausschlaggebender als eine kritische Prüfung der Sachlage.

Übrigens hat auch die innerpalästinensische Gegnerschaft zwischen Hamas und Fatah auf Seiten der Fatah einen religionsfeindlichen Hintergrund, der marxistische Wurzeln hat. Vor den Madrider Friedensverhandlungen von 1991 war die Fatah, bis dahin eine reine Widerstandsorganisation, überwiegend sozialistisch geprägt, obwohl sie strengmarxistischere Konkurrenzorganisationen hatte, etwa die „Volksfront zur Befreiung Palästinas“ (PFLP). Die sozialistisch orientierten Palästinenserorganisationen wurden zu einem beträchtlichen Teil von der Sowjetunion finanziert, deren Zerfall 1990 ihnen die finanzielle Grundlage entzog, was wiederum zur Bereitschaft zu Friedensverhandlungen mit Israel beitrug.

Israel hat die Entstehung eines Zweigs der Muslimbrüder – die später zur Hamas wurden – in den von ihm kontrollierten palästinensischen Gebieten seit den späten sechziger Jahren toleriert, ja sogar unterstützt, weil sie das Potential einer religiösen Bewegung als Gegenmacht zur sozialistischen Widerstandsideologie der Fatah nutzen wollte: „Die israelische Militärbesatzung ließ Jassin [den späteren Hamas-Begründer] damals gewähren, weil sie über jeden palästinensischen Jugendlichen froh war, der, anstatt sich den säkularen palästinensischen Kampforganisationen anzuschließen, bei den Muslimbrüdern Koranstunden nahm und in deren Jugendgruppen Sport trieb", schreibt Joseph Croitoru in seinem Buch über die Hamas. Dass die Hamas später ein hartnäckigerer und unangenehmerer Gegner sein würde als die Fatah, war damals nicht abzusehen. Scheich Jassin, seit Kindesalter querschnittsgelähmt, wurde am 22. März 2004 im Alter von 67 Jahren durch einen gezielten israelischen Raketenangriff ermordet.

Eine Mischung aus sozialistischer und kemalistischer Religionsfeindschaft begegnet uns auch bei vielen sich gegen den Islam positionierenden türkischstämmigen Kritikern. Sie sind geprägt von Mustafa Kemal Atatürk und dem Laizismus, den Atatürk der Türkei nach dem Ersten Weltkrieg überstülpte und der zur Grundlage der Ideologie des Kemalismus wurde, der den Islam als rückschrittlich erachtet. Man sieht daran, wie auch an den vergleichbaren iranischen Positionen, wie die politischen Verwerfungen der Herkunftsländer auf einmal in den westlichen Diskurs hineinwirken und hier ausgetragen und gespiegelt werden, ohne dass die breitere Öffentlichkeit in der Lage ist einzuschätzen, wo sich diese Positionen herschreiben und dass diese vielleicht eine ganz andere Stoßrichtung haben, als wir naiverweise vermuten. Einschlägige Beispiele bietet etwa der Artikel von Necla Kelek über den türkischen Prediger und sufisch inspirierten Religionsführer Fethullah Gülen aus der *Frankfurter Allgemeinen Zeitung* vom 21. Juli 2008.

Der Artikel wird mit der Vermutung eröffnet, die Anhänger Gülens seien für die Verhaftung pensionierter kemalistischer Generäle mitverantwortlich, die als „vermeintliche" Put-

schisten verdächtigt werden. Angesichts der in der türkischen Geschichte offenbar gewordenen Gewaltbereitschaft türkischer Nationalisten (Kemalisten) wird man die Verhaftung nicht einfach als Verschwörung *islamischer* Kreise abtun können, wie es die Autorin suggeriert. Sie bezieht mit dieser Suggestion im innertürkischen Konflikt eine klare Stellung für die Kemalisten. Der deutsche Leser wird die Kemalisten als Opfer einer islamistischen, von Fethullah Gülen mitgetragenen Verschwörung ansehen, zumal der ganze Rest des Artikels dem angeblich konspirativen Wirken Gülens geschuldet ist. Die Verschwörung erstreckt sich nämlich nicht nur auf die kemalistischen Generäle, sondern auf die ganze Welt und damit auch die Leser, die so gesehen implizit auf eine Stufe mit den Kemalisten gehoben werden: Beide sind potentielle Opfer von Gülen, der bereits die türkische Regierungspartei AKP unterwandert habe: „Er [Gülen] fordert seine Anhänger auf, sich die Welt der Ungläubigen aktiv anzueignen, um sie im Namen des Islams beherrschen zu können. Es geht ihm darum, die gottgewollte und natürliche Herrschaft des Islams über die Welt zu erlangen. [...] Gülens Gefolgsleute sind die intellektuellen Vordenker der AKP."
So ist aus der kemalistischen Verschwörung, die die türkischen Staatsanwälte auf den Plan gerufen hat, unter der Hand eine islamische geworden. Freilich steckt in der ganzen Argumentation zu viel Verschwörungstheorie und Panikmache vor der anstehenden Welteroberung durch den Islam, um den aufmerksamen Leser nicht misstrauisch zu stimmen. Früher war es die jüdische Weltverschwörung, heute die konspirativ in die Wege geleiteten islamischen Welteroberungspläne. Gewiss träumen Spinner in aller Welt davon, einstmals die Welt zu beherrschen – warum also nicht auch Fethullah Gülen? Gerade das jedoch, was die Autorin am Ende ihres Artikels als ultimativen Beweis für die Bedrohlichkeit und Konspiration der Bewegung anführt, belegt das genaue Gegenteil. Gülen ist im Juni 2008 mit den Stimmen seiner offenbar gut vernetzten und

konzertiert handelnden Anhänger in einer Internet-Umfrage zum Top-Intellektuellen der Welt gewählt worden. Ein hübsches Husarenstück! Für einen Weltverschwörer wäre es indessen ziemlich töricht, sich so früh und aus Gründen der bloßen Eitelkeit dermaßen vor aller Weltöffentlichkeit zu outen. Wenn es stimmt, was die Autorin sagt („sie arbeiten konspirativ und warten, bis ihre Zeit gekommen ist"), dann haben sie entweder einen schweren Fehler gemacht, die Geduld verloren, oder sie halten ihre Zeit tatsächlich für gekommen – nichts davon spräche für ihre Intelligenz, geschweige denn für ihre Bedrohlichkeit.
Belege anzuführen, die bei genauem Hinsehen das Gegenteil dessen beweisen, was bewiesen werden soll, zählt zu den Standards der Kulturkampfrhetorik. Der Artikel über Fethullah Gülen wartet mit einem weiteren klassischen Argument auf, der Behauptung der fehlenden Eigentlichkeit, was den Umgang der Muslime mit der Demokratie betrifft: „Freiheit und Demokratie sind dabei Instrumente zur Erlangung und Bewahrung von Einfluss und Macht. Die türkischen Parteien insgesamt sind keine Organisationen von Demokraten, sondern Lobbyisten, die das demokratische System benutzen, um ihre Gruppen- und Einzelinteressen durchzusetzen." Diese Sätze sind phänomenal. Um sie als kulturkämpferische Rhetorik zu entlarven, muss man über die türkischen Parteien und die türkische Demokratie gar nichts wissen. Denn was ist Demokratie für Demokraten anderes als ein Instrument zur Erlangung und Bewahrung von Einfluss und Macht? Und was sind Parteien anderes als Organisationen, die das demokratische System nutzen, um Gruppen- und Einzelinteressen durchzusetzen? Und in welcher Demokratie gibt es keine Lobbyisten? Eben dann, wenn Gruppen, Einzelne und Lobbyisten ein demokratisches System nutzen, um zu Einfluss und Macht zu gelangen, lebt die Demokratie. Dies nicht für Demokratie zu halten, wie es die Autorin offenbar tut, sondern irgendetwas anderes, sozusagen eigentlich Demo-

kratisches, mutet seinerseits wenig demokratisch an: Die Autorin behält sich das Recht vor, jenseits des gängigen Demokratieverständnisses zu definieren, wer ein echter Demokrat ist und wer nur so tut. Die bekannte Zirkelstruktur in der Argumentation gegen den Islam begegnet uns hier wieder: a) Der Islam ist nicht mit der Demokratie zu vereinbaren; b) Ergo kann es sich, wenn Muslime wie alle anderen die Demokratie zur Durchsetzung ihrer Interessen nutzen, nicht um ein wirklich demokratisches Verhalten handeln. Was auch immer die Muslime tun, ist logischerweise undemokratisch. Sie können ihre Demokratiefähigkeit nicht beweisen, weil Demokratie und „wahres" Muslimsein als unaufhebbarer Widerspruch gedacht werden. Das Erstaunliche an solchen Argumentationsketten ist, dass die, die sie vorbringen, die zirkuläre Logik selbst nicht zu sehen scheinen.
Es ist übrigens, um die Erörterung der Causa Gülen – übrigens ist Gülen ein Erzfeind des türkischen Ministerpräsidenten Erdogan – abzuschließen, ein populäres Missverständnis, dass es in derartigen Fällen darum gehe, ob jemand im „eigentlichen" Sinne, seinem „Wesen" nach, Demokrat sei. Das wird nämlich niemand feststellen können, und vielleicht weiß es der Betreffende nicht einmal selber. Es kann nur darum gehen, zu beurteilen, wie jemand handelt. Versucht er seine Interessen demokratisch durchzusetzen, über Parteien, Lobbyisten, mit Hilfe von Wahlen, so verhält er sich demokratisch, gleich ob er Gülen heißt und Muslim ist, Berlusconi heißt und katholisch ist oder wie Barack Obama Mitglied der Trinity United Church of Christ war. Wer die real existierenden Demokratien daran misst, wie Demokratien idealerweise funktionieren sollten, wird immer enttäuscht sein. Nur die Demokratien der anderen daran zu messen, wäre aber höchst unfair.
Ein letzter nicht unbeträchtlicher Strang ideologischer vorgeprägter Islamfeindschaft begegnet uns bei Publizisten, die Israel nahestehen. Anders als bei den Intellektuellen in Israel

selbst, die überaus differenziert und oft sogar versöhnlich argumentieren und handeln, findet man unter israelnahen Denkern in Mitteleuropa regelmäßig eine pauschale, mit den essentialistisch-deterministischen Standardargumenten arbeitende Ablehnung des Islams, Gleichsetzung von Islam und Islamismus und so weiter. Hier wie auch bei den anderen ideologischen Vorprägungen sind dem breiten Publikum die Ausgangspositionen der jeweiligen Sprecher selten ersichtlich. Zwar ist eine Haltung, die sich aus Sympathie für Israel gegen den Islam positioniert, genauso legitim wie eine Islamkritik aus allen anderen Gründen. Nur wäre es hier, wie in den zuvor genannten Fällen, wichtig, dass diese Gründe benannt werden, damit sich nicht als objektive Auseinandersetzung mit dem Islam tarnt, was durchaus subjektive, in einer spezifischen Position zu verortende Gründe hat.

Die vorgenannten, aus einer bestimmten Ideologie oder Interessenlage heraus inspirierten islamkritischen bis islamfeindlichen Positionen treffen auf eine Öffentlichkeit, die einerseits deren Herkunft selten angemessen einschätzen kann und die andererseits selbst zu einem nicht unbeträchtlichen Teil ein diffuses und althergebrachtes anti-islamisches Ressentiment pflegt, das sich bis in die gehobene Publizistik durchzieht. Oft hat dieses Ressentiment eine konservativ-christlich inspirierte Schlagseite und bedient sich, um die eigene Position zu charakterisieren, des Schlagwortes der Aufklärung, betont das eigene Aufgeklärtsein und das nicht vorhandene oder nur vorgetäuschte Aufgeklärtsein der anderen (vgl. zur Aufklärungsproblematik das Kapitel *Epilog*). „Islamischer Chauvinist hinter aufgeklärter Fassade", heißt es zum Beispiel in der Bebilderung der Online-Ausgabe des erwähnten Artikels über Fethullah Gülen. Und in der Selbsterklärung eines typischen Anti-Islam-Blogs heißt es: „Die Bedrohung weilt schon mitten unter *uns Aufgeklärten*" und „Der Islam in der jetzigen Form ohne jegliche Reformation hat in unserer freien Welt keine Existenz-berechtigung".[32]

Solche Aussagen schöpfen aus dem jahrhundertealten Reservoir der seit den ersten Begegnungen des Christentums mit dem Islam gepflegten Polemik, aufgerüstet um die Aufklärungsrhetorik und die essentialistisch-deterministische Islamkonstruktion aus der Werkstatt einer Islamwissenschaft und Islampublizistik, die ihrerseits aus denselben Quellen schöpft. Abwehrhaltung, irrationale Angst vor einer islamischen Welteroberung, Übertreibung des islamischen Einflusses, Herunterspielen der westlichen Dominanz in Politik, Wirtschaft und Wissenschaft sowie abwertende Zuschreibungen, oft von wirklichkeitsfernen theoretischen Konstruktionen gestützt, prägen diese Sicht auf den Islam. Dabei steht wie bereits eingangs erwähnt außer Frage, dass viele Aspekte des Islams zusammen mit der politischen Repression, der wirtschaftlichen, sozialen und die Bildung betreffenden Ausgrenzung weiter Bevölkerungsteile ein brisantes, Engstirnigkeit und Gewaltbereitschaft förderndes Gemisch bilden. Nur wird man dieses Gemisch nie entschärfen können, wenn man keinen Blick für seine außergewöhnliche Komplexität gewinnt. Differenzierung, selbst wenn sie unbequem ist und Arbeit macht, ist eine Überlebensfrage.

Fünftes Kapitel

Drei Pegida-Wegbereiter

1. Enzensberger

Der 29. Februar 1968 war „der Tag, an dem der deutsche Schriftsteller Hans Magnus Enzensberger in der *New York Times* einen Offenen Brief veröffentlicht [...]. Er bekennt öffentlich, dass die herrschende Klasse in den Vereinigten Staaten von Amerika (die Regierung eingeschlossen) in seinen Augen die gefährlichste Gruppe von Menschen auf Erden ist. The most dangerous body of men on earth."
Der 18. September 2001 war der Tag, an dem der deutsche Schriftsteller Hans Magnus Enzensberger in der *Frankfurter Allgemeinen Zeitung* einen Artikel veröffentlicht hat, in welchem er die Anschläge in den Vereinigten Staaten mit einem „kollektiven Drang zur Selbstbeschädigung, um nicht zu sagen zum Selbstmord" erklärte. „Vorgaben wie links oder rechts, Nation oder Sekte, Religion oder Befreiung führen zu genau denselben Handlungsmustern. Der gemeinsame Nenner ist die Paranoia."[33]
Zwischen beiden Artikeln (der erste ist in Uwe Johnsons Roman *Jahrestage* nachzulesen) liegen dreiunddreißig Jahre, ein halbes Menschenleben. Dass Enzensberger inzwischen andere Ansichten vertritt als damals, ist vernünftig. Es erstaunt auch nicht, dass Enzensberger nicht auf die Idee kommt, zwischen seinen Äußerungen vom 29. Februar 1968 und den Motiven der Täter vom 11. September 2001 könnte es einen wie auch immer gearteten Zusammenhang geben. Die These vom Drang zum Selbstmord und von der Gleichgültigkeit der Motive schließt eine solche Verbindung von vornherein aus. Wenn es jenen Drang zur Selbstzerstörung als anthropologische Konstante nämlich wirklich gibt,

ist alle Suche nach sonstigen Ursachen überflüssig. Enzensberger verwirft mit seiner These diejenige Errungenschaft der derzeit so viel beschworenen westlichen Zivilisation, die sie anderen, zumal religiös geprägten Kulturen voraus hat: die Bereitschaft zur immer genaueren Suche nach Kausalitäten, zur Differenzierung und der Falsifizierbarkeit der Erkenntnis.

Der am 11.9.2001 ausgelöste „Krieg“ gegen die Vereinigten Staaten hat eine Vorgeschichte, die, wie fast alle Kommentare geflissentlich übersehen, auch im Westen geschrieben wurde und Hans Magnus Enzensberger als ihren Mitverfasser kennt. Gewiss brauchten die Araber nicht die von Enzensberger herausgegebene achtundsechziger Zeitschrift *Kursbuch* und keinen Offenen Brief Enzensbergers in der *New York Times*, um das Böse ausgerechnet in den USA zu verorten. Die arabischen Intellektuellen hatten dafür nämlich bessere und handfestere Gründe als der bundesrepublikanische Poet, der damals als wohlsituierter Stipendiat in den USA weilte. Wenn aber schon ein Hans Magnus Enzensberger, der persönlich nie Opfer amerikanischer Politik gewesen ist, die herrschende Klasse in Amerika als die „gefährlichste Gruppe von Menschen auf Erden“ bezeichnet, dürften diejenigen, die tatsächlich Opfer der amerikanischen Politik gewesen sind, nicht nur aus einem „kollektiven Drang zur Selbstbeschädigung“ gehandelt haben, wie Enzensberger behauptet. Hätte Enzensberger nicht so erfolgreich verdrängt, wie er dachte, als er jung und in den USA war, könnte er die Araber, die jetzt immer noch so denken, besser verstehen. Statt politisch versucht Enzensberger anthropologisch zu denken. „Eine uralte Gewohnheit der Spezies“, das Menschenopfer, kehre wieder. Das wäre als misanthropische Pointe eines Pessimisten, der einerseits von den Ereignissen erschüttert ist, andererseits Distanz zu gewinnen versucht, zu erwarten gewesen. Problematisch ist indessen, dass die „uralte Gewohnheit der Spezies“ nicht der ganzen Spezies innewohnt, sondern die Menschen in zwei

Gruppen teilt: diejenigen, die lieber am Leben bleiben wollen, und dann, so Enzensberger: „Drogensüchtige und Skinheads“; der „HIV-Positive“ („steckt so viele Partner wie möglich an“) und der „narzisstisch gekränkte Schüler“.
Schließlich eine beeindruckende Liste von Ländern, in denen Befreiungsbewegungen die „uralte Gewohnheit“ praktizieren: Algerien, Afghanistan, Angola, Indonesien, Nicaragua, die Philippinen, Ruanda, Sri Lanka, der Sudan, Tschetschenien und andere. Auch Nordirland und das Baskenland stehen auf der schwarzen Liste, doch im Großen und Ganzen hat das Übel bei Enzensberger Namen und Orte, die eben nicht die unseren sind. Eben dies, die Ausgrenzung der anderen und mit ihnen des Bösen an sich, dürfte für diejenigen, die jetzt immer noch Fans dieses Autors sind, der größte Reiz seiner These sein. Es ist aber nichts anderes als ein anthropologisch neuformulierter Rassismus.
Enzensbergers Grundannahme lautet, dass die uralte Gewohnheit der Spezies derzeit ihre Globalisierung erfahre. Doch anthropologische Konstanten bedürfen keiner Globalisierung, sie herrschen überall, wo es Menschen gibt, immer. Enzensbergers Behauptung ist daher unlogisch. Dennoch ist es kein Denkfehler, der ihm da unterläuft. Vielmehr will er mittels einer verschleiernden Rhetorik, die zwischen den Beschreibungen „Globalisierung“ und „uralte Gewohnheit“ laviert, Unterscheidungen retten, von denen er weiß, dass sie politisch (und sachlich) unkorrekt sind. Es sind die Unterscheidungen zwischen Gut und Böse, uns und den anderen, die Enzensberger auch 1968 schon ohne den geringsten Selbstzweifel zu treffen wusste. Wohin diese Rhetorik führt, zeigt die Behauptung, der Islam habe „ebenso wie das ultraorthodoxe Judentum schon seit langem keine produktiven Ideen mehr entwickelt“. Es ist unnötig, nach der sachlichen Berechtigung eines solchen Satzes zu fragen. Indem Enzensberger eine Weltreligion mit einer Milliarde Gläubigen und ihrer ganzen Vielfalt mit einer radikalen, sehr spezifischen und zahlenmäßig

verschwindend geringen Anhängerschaft einer anderen, viel kleineren Religion vergleicht, verrät er uns, wie sich die Rhetorik des Krieges und der Blockbildung allmählich in die klügsten Köpfe hineinfräst.

Die Attentäter, denen Enzensberger die rationalen Ziele abspricht, haben damit eines, die Radikalisierung ihrer Gegner, schon früh erreicht. Es fällt schwer, den Pegida-Aktivisten für ihre Ansichten den Vorwurf von Rassismus zu machen, ohne auch Enzensbergers These als rassistisch zu bezeichnen. Entweder man lehnt Enzensbergers These aus den genannten guten Gründen als diskussionsunwürdig ab, oder die Pegida-Teilnehmer wundern sich zu Recht, warum das, was ein Enzensberger sagte, plötzlich nicht mehr gilt, wenn sie es sagen. Oder leben wir im Geltungsbereich jenes alten lateinischen Spruchs, der da lautet: Quod licet Iovi, non licet bovi?

„Der Autor kennt sie alle, die Schwächen und Vorlieben der in Deutschland lebenden Islamisten" – schreibt der Autor im Vorwort ungeniert über sich selbst. Und die Anwälte, heißt es weiter, hätten viele der ursprünglich 350 Seiten gekürzt, um Schwierigkeiten zu vermeiden.[34] Nur die Lektoren des Verlags haben leider alles gnadenlos stehen lassen. Und so erfahren wir: „Saladins Geist lebt bis heute fort, es ist ein kämpferischer Geist, mit dem es einen ehrlichen Dialog nicht geben kann. Diesem Geist muss man immer wieder mit voller Wucht auf die Finger schlagen." Hat ein Geist Finger?

Der Eichborn Verlag und sein Autor wurden trotz juristischer Vorzensur verklagt, aber die heimliche Freude darüber war groß, denn das Buch verkaufte sich vorerst umso besser, während die Muslime, die die Klage einreichten, als Spielverderber dastanden. Udo Ulfkotte und der Eichborn Verlag (auch irgendwie ein Verlag der Mitte, dachten wir) hatten das größte Los gezogen, das unsere Öffentlichkeit zu bieten hat: Aufmerksamkeit.

Für diese Aufmerksamkeit setzten Verlag und Autor freilich ihren Ruf aufs Spiel. Selbst wenn alle Namen, Zahlen und Fakten, die Ulfkotte präsentiert, korrekt sind, die Schlüsse, die er daraus zieht, sind zu einem großen Teil fragwürdig, wenn nicht absurd. Das ganze Skandalon dieses Buchs besteht aber nur aus den Urteilen, die der Autor fällt, nicht aus den Fakten, die er ans Licht bringt. Viel Neues ist für die Kenner der Islamistenszene übrigens nicht dabei, was nicht verwundert, da Ulfkotte die Sprachen seiner Feinde nicht beherrscht. Stattdessen verfügt er über hervorragende Beziehungen zu den Geheimdiensten und hat die Chuzpe, die oftmals undurchsichtigen Informationen so zu deuten, dass sie „höchste Brisanz" bekommen.

Ein Beispiel, stellvertretend für viele. Ulfkotte berichtet ausführlich über die Aktivitäten von Ibrahim El-Zayat, den

ehemaligen Präsidenten der „Islamischen Gemeinschaft in Deutschland". Er stützt sich dabei, wie er selber zugibt, auf Erkenntnisse von BKA und BND. Diese Erkenntnisse lassen El-Zayat zwar ein wenig fragwürdig erscheinen, ein Grund, ihn auszuweisen oder zu verhaften, sind sie jedoch nicht. Ulfkotte will diesen Grund nun nachliefern, jedoch leider nicht, indem er unbekannte kriminelle Taten von El-Zayat ans Licht bringt, sondern indem er seine Gesinnung inkriminiert. Anhand folgender Aussagen versucht Ulfkotte, El-Zayats Verfassungsfeindlichkeit nachzuweisen: „Ich glaube nicht, dass es unmöglich ist, dass der Bundeskanzler im Jahre 2020 ein in Deutschland geborener und aufgewachsener Moslem ist, dass wir im Bundesverfassungsgericht einen moslemischen Richter oder eine moslemische Richterin haben." Da dies eine völlig legitime Aussage ist, setzt Ulfkotte zwei weitere Sätze El-Zayats daneben: „Dieses Land ist unser Land, und es ist unsere Pflicht, es positiv zu verändern. Mit der Hilfe Allahs werden wir es zu einem Paradies auf der Erde machen, um es der islamischen Ummah und der Menschheit insgesamt zur Verfügung zu stellen." Auch dies, wenngleich merkwürdiger, reicht natürlich nicht, und so ergeht sich Ulfkotte in hilfloser Empörung: „Was würden wohl die Verantwortlichen der Katholischen Akademie oder der Konrad-Adenauer-Stiftung zu solchen Äußerungen sagen, die der von ihnen geschätzte und geladene Gastredner Ibrahim El-Zayat ungeniert in einer Jugendzeitschrift veröffentlichte?"
Dieser Art sind nahezu alle Argumente, denen Ulfkotte „höchste Brisanz" attestieren möchte. Da sie aber, wie Ulfkotte irgendwie selber ahnt, in Wahrheit nichts hergeben, dreht er den Spieß um und fordert, dass die Gesetze geändert werden, damit diese Argumente etwas hergeben, sprich illegal werden. Er stellt einen Forderungskatalog auf, der, setzte man ihn um, den Rechtsstaat in seiner heutigen Form schwer beschädigte. Sein Punkt 12 besagt: „Ausweisungen müssen rechtlich schon dann möglich sein, wenn lediglich der

begründete Verdacht der Sympathie für extremistische Gruppen besteht." Mit einem solchen Paragraphen würde man nahezu alle Palästinenser aus Deutschland ausweisen können, zumal Ulfkotte sich die Definitionsmacht in Bezug auf „extremistische Gruppen" natürlich vorbehält. Punkt 11: „Unabhängig davon, ob es sich um deutsche oder um Ausländervereine handelt, müssen solche Organisationen, die Islamisten als Gastredner ein Podium für ihre Hetzparolen geben, aufgelöst und ihr Vereinsvermögen vom Staat eingezogen werden." Adieu Katholische Akademie und Konrad-Adenauer-Stiftung, wenn sie noch einmal Ibrahim El-Zayat oder Nadeem Elyas einladen. Was es aber mit dem reißerischen Titel des Buches auf sich hat, erfahren wir in Punkt 8, wo die Unterfinanzierung der GSG9 beklagt wird: „Dabei ist es doch gerade diese Einheit, die durch Sondereinsätze die Hintermänner des Terrors in Deutschland ergreifen soll. [...] Ihr wird beim künftigen Krieg in unseren Städten eine bislang nicht bekannte Bedeutung zukommen."

Um es klar zu sagen: Lange ist die Gefährlichkeit extremistischer Muslime in Europa unterschätzt worden. Und wer unbedingt will, kann angesichts der Morde in Paris Anfang des Jahres 2015 annehmen, Ulfkottes Prophezeiung sei Wirklichkeit geworden. Gerade aber weil die Problematik des Umgangs mit den Islamisten und Rückkehrern mit Kampferfahrung nun virulent ist; weil es oft keine klare Antwort auf die Frage gibt, wo die Grenze zwischen einem radikalen Islamisten und einem gläubigen Muslim zu ziehen ist; weil wir unsicher sind, inwieweit wir einen verbalen Fundamentalismus (gleich welcher Couleur, ob islamistisch oder islamkritisch) tolerieren können oder nicht, ist dieses Buch ein Ärgernis. Jeder ernsthafte, reflektierte Diskurs über das Problem wird angesichts der von Ulfkotte und anderen geschürten Polarisierung abgewürgt und der durchaus mögliche gesellschaftliche Konsens gegen Terror und Rassismus untergraben.

Ulfkotte, noch in den neunziger Jahren ein ernstgenommener *FAZ*-Redakteur, ist als Redner bei den Pegida-Demonstrationen in Dresden aufgetreten,[35] und sein aktuelles Buch *Gekaufte Journalisten* ist ein Bestseller und liefert die Munition für das Pegida-Gerede von der „Lügenpresse". Ulfkotte verkörpert die lange Vorgeschichte von Pegida und ihre Herkunft aus der Mitte unserer Gesellschaft wie kein Zweiter.

3. Giordano

Bereits am Anfang hätte sich die „Kritische Islamkonferenz", die am 31. Mai 2008 in Köln stattfand, beinah an der eigenen Nabelschnur erhängt, nämlich an ihrem unkritischen Umgang mit dem Begriff der Kritik. Laut Kleingedrucktem im Programmflyer waren „dem Versammlungsgesetz entsprechend" Personen ausgeschlossen, „die proislamischen Organisationen angehören oder jener demagogischen Szene zuzuordnen sind, die rational begründete Kritik am Islam per se als ‚rassistisch' oder ‚fremdenfeindlich' etc. verleumden und diesbezüglich wiederholt in Erscheinung getreten sind".
Weil ich in der Tat schon damals als Kritiker der Islamkritik in Erscheinung getreten bin, habe ich lange in den Spiegel geschaut, um festzustellen, ob ich womöglich zu denen gehöre, die eine „Kritik am Islam per se" verleumden. Ich hoffe es nicht. Abschließend beurteilen können es aber nur diejenigen, denen es gelingt, das „per se" und vor allem das „etc." im Kleingedruckten des Programmflyers präzise zu definieren. Auch wüsste ich gern genauer, was eine „rational begründete Kritik" ist und wer hier festlegt, was rational ist, was nicht. Aber ich schiebe diese Frage auf und stelle ein weiteres Mal fest: In dem jämmerlichen Zustand, in dem sich der Islam heute befindet, ist nichts billiger, als ihn zu kritisieren.
Um die Islamkritik auch für Intellektuelle interessant zu machen, sollte man sich daher etwas einfallen lassen. Doch der Akzent, für den sich die neuformierte „Kritische Islamkonferenz" entschieden hat, bestand in Einseitigkeit. Da man sich, siehe Kleingedrucktes, unter seinesgleichen wähnte, waren alle Sicherungen herausgeschraubt. Mina Ahadi, Mitveranstalterin und iranische Kommunistin, gab den Steilpass für alle weiteren Redner und bezeichnete die islamischen Organisationen, die von Innenminister Wolfgang Schäuble zur „offiziellen" Islamkonferenz eingeladen worden

waren, als „mittelalterlich“ und „fanatisch“. Die Konferenz habe diese Organisationen gestärkt, und das bedeute „mehr Ehrenmorde, mehr Kopftuch, mehr Moscheen“. Schweres Geschütz.

Unter den angekündigten Teilnehmern war Günter Wallraff der prominenteste. Er sagte vermutlich aus einem Last-minute-Instinkt heraus in letzter Minute ab, muss sich rückblickend allerdings fragen lassen, wie er in den Dunstkreis der Redner einer Konferenz geriet, die die Marschroute von Pegida mit Argumenten gepflastert hat. Blieb der zweitberühmteste, der Schriftsteller Ralph Giordano (1923–2014). Als Jude und Überlebender des Holocaust verwahrte er sich in seiner Eröffnungsrede zunächst einmal ebenso gegen den Vorwurf, ein „Anti-Muslim-Guru“ zu sein, wie gegen die Vereinnahmung durch rechte Parteien. Mit Pegida, nehmen wir an, wäre er ebenfalls nicht gern in einen Topf geworfen worden. Doch wer, wie Giordano wörtlich, die Moschee als „Zeichen integrationsfeindlicher Identitätsbewahrung“ begreift, wird denjenigen, die ihm damals applaudierten und demnächst vielleicht nicht nur den Bau einer Moschee, sondern auch den Bau einer Synagoge verhindern wollen, wenig entgegenzusetzen haben. Von der Behauptung des Sprechers des Zentralrats der Muslime, Scharia und Grundgesetz seien zu vereinbaren, glaubt Giordano zu wissen, dass es Heuchelei sei, und findet daher, dass dieser Sprecher sofort ausgewiesen gehört (vielleicht „dem Versammlungsgesetz entsprechend“?). Ist das noch demokratisch oder schon rassistisch?[36]

Um aber nicht nur mit eigener Stimme den Islam zu kritisieren, zitiert Giordano auf dem Höhepunkt seiner Rede zwei Muslime, die mindestens so mutig seien wie Salman Rushdie, denn auch über ihnen schwebe das „Schwert des Fatwa-Islam“. Meine Überraschung ist groß, als die Namen fallen. Mit diesen beiden (kein Witz!) gehe ich nämlich regelmäßig in Beirut oder Berlin ein Bier trinken: der libanesische Dichter Abbas

Beydoun, den ich auch übersetzt habe,[37] und der aus der Türkei stammende Berliner Autor Zafer Şenocak. Sie zählen zu den hellsten und selbstkritischsten Muslimen, das gewiss, aber von dem Fatwa-Schwert über ihren Köpfen haben sie mir nie erzählt. Es wäre schön gewesen, wenn Ralph Giordano die beiden nicht zitatweise gekidnappt, sondern zu einer offenen Diskussion eingeladen hätte. Die kritische Islamkonferenz hätte anders ausgesehen und sich Kritik gefallen lassen müssen – vermutlich mehr, als sie verkraftet hätte.

Statt dieser beiden selbstkritischen Muslime tritt nach Giordano der islamwissenschaftlich unverbildete Soziologe Hartmut Krauss ans Pult.[38] Er liefert die Begründung nach, warum der Islam endlich eingedämmt werden müsse: Der Islamismus, also der radikale Islam, sei keine Verfälschung, sondern das natürliche Entwicklungsprodukt des nach Weltherrschaft strebenden Islams, seine „selbsterhaltungslogische Radikalisierung". Diese Aussage – von Krauss, der einem neuartigen Marxismus zuzurechnen ist, durch die üblichen Koranzitate zum Dschihad illustriert – ist sachlogisch nicht zwangsläufig falsch, aber sie ist trotzdem wenig bis nichts wert. Denn sicher ist die Radikalisierung nicht das einzige natürliche Entwicklungsprodukt des Islams, sondern nur eines von vielen, die möglich sind und in der islamischen Geschichte nachweisbar. Krauss will das nicht wahrhaben und diffamiert die Bemühungen um einen Reform-Islam mit einem Nazi-Vergleich. Wörtlich: „Der Reformislam ist genauso Chimäre wie ein Faschismus mit menschlichem Antlitz." Folglich, so Krauss, sei es „falsch, dem Islam den tabusetzenden Schutz des Religionsfreiheitsparagraphen zu gewähren". *Standing ovations* im gut zur Hälfte besetzten Hörsaal der Humanwissenschaftlichen Fakultät der Universität Köln. Denn, so erläutert Krauss auf meine Nachfrage, als die Väter des Grundgesetzes die Religionsfreiheit festschrieben, rechneten sie nicht mit einer Religion wie dem Islam. Dieser sei nämlich keine Religion im Sinne des Christentums. Wieder hat Krauss nicht unrecht, und wieder ist es nichts wert. Eine Religionsfreiheit, die nur Religionen wie das Christentum kennt, ist keine. Gerade noch hatte der Redner die Entrechtung religiöser Minderheiten, der sogenannten Dhimmis, im Islam kritisiert. Völlig korrekt! Wie er dann nur wenige Gedankengänge später eine ähnliche Entrechtung religiöser Minderheiten im eigenen Land fordern kann, ist schier unbegreiflich. Die ebenso kasuistischen wie weltfremden Argumentationskünste von Krauss sind wenig mehr als eine für die Auseinandersetzung mit dem Islam aufgerüstete materialistische Dialektik, die für manche Teilnehmer der Pegida-Demos in Ostdeutschland einen vertrauten Appeal haben dürfte. Wir erinnern uns, dass auch Giordano dem Stalinismus einst abschwören musste, und einen Moment lang kommt der Verdacht auf, bei Ahadi, Giordano und Krauss handele es sich um ein alt-, ex- und neu-marxistisches Dreigestirn, das die Kritik am Islam nach Piratenmanier gekapert habe, um von ihren abgehalfterten kommunistischen Dogmen wenigstens die Religionsfeindschaft noch bewahren zu können.

Es sind eigenartige Leutchen, die da seit dem 31. Mai 2008, ohne zu wissen, für wen sie am Ende gekocht haben würden, den Pegida-Aktivisten von heute die Argumente vorgekocht haben. Oder wussten sie es womöglich doch?

Epilog

Treten wir am Ende einen Schritt zurück und versuchen, die beiden Islammodelle zu verdeutlichen, die dem Streit um den Islam zugrunde liegen. Bei den meisten Versuchen, den Islam zu definieren, lassen sich zwei grundsätzliche Tendenzen ausmachen, eine harte und eine weiche Definition. „Hart" und „weich" ist hier wörtlich zu nehmen. Wenn man es in Begriffen der Computersprache beschreibt, wird der Unterschied am deutlichsten: Die einen begreifen den Islam als Software, die anderen als Hardware. In die Software kann man eingreifen, man kann sie ändern, entwickeln, fortschreiben, anpassen, modernisieren. Die Hardware ist festgelegt; Manipulationen sind nur in geringem Maße möglich. Wenn sie den Anforderungen nicht mehr genügt, muss man sie austauschen und die alte auf den Müll schmeißen – den Müllhaufen der religiösen Ideen. Legt man diese harte Definition zugrunde, erscheint der Islam in den Augen seiner Gegner als einer dieser urzeitlichen Computer, für die man noch Floppy-Discs als Speichermedium benutzte. Es versteht sich, dass darauf die Programme „Aufklärung" und „Moderne" wenn überhaupt, nur sehr langsam laufen, von häufigen Abstürzen begleitet. Das ist auch die Sicht des Islams, die die Anti-Islam-Propagandisten verbreiten. Aber die Hardware-Theorie lässt sich auch zugunsten des Islams verwenden. Unter den muslimischen Anhängern dieser Vorstellung, meist Fundamentalisten, wird der Islam als eine Art Supercomputer verstanden. Eventuelle Macken und Probleme sind auf unsachgemäße (sprich: unislamische) Bedienung zurückzuführen: Der Mensch ist fehlbar, nicht die Maschine.

In den Islamwissenschaften wird die harte Definition häufig essentialistisch genannt. Essentialistisch meint: Der Islam habe einen unveränderlichen Wesenskern, eine Essenz. Diese Position hat eine schwerwiegende Konsequenz. Bestimmte

Elemente gehören demnach so wesensgemäß zum Islam, dass dieser ohne sie nicht denkbar ist, also kein „richtiger", „echter" Islam mehr wäre. Der Essentialist sagt zum Beispiel, dass die Scharia, also das islamische Recht, und die Demokratie unvereinbar seien. Und wenn Muslime dann das islamische Recht der Demokratie unterwerfen, sind sie eben keine richtigen, echten Muslime mehr, sondern verwestlicht. Ein Kennzeichen des Essentialismus ist, dass sich westliche Orientalisten und islamische Fundamentalisten in der Sache verblüffend einig sind, während sie sich in der Wertung deutlich unterscheiden. Für beide hat der Islam dieselbe Essenz, nur dass die Fundamentalisten sie für gut halten, die Orientalisten für problematisch.

Für Nicht-Essentialisten, also diejenigen, die den Islam als Software erachten, ist „Islam" nur ein Oberbegriff für sehr vielgestaltige Phänomene. Manche Theoretiker dieser Schule halten eine Beschreibung des Islams (oder des Orients) als solchen für unmöglich und lehnen sie grundsätzlich ab. Anderen genügt es, festzuhalten, dass der Islam interpretier- und wandelbar ist und dass immer weitere Abweichungen vom ursprünglichen Quellcode denkbar sind. Gemäß diesen Vorstellungen sind zum Beispiel Scharia und Demokratie zu vereinbaren, weil die Scharia als etwas Wandelbares verstanden wird.

Diese weiche Sichtweise auf den Islam hat eine substantielle Schwäche. Dem, was sie unter Islam versteht, sind keinerlei Grenzen auferlegt. Um in der Computerterminologie zu bleiben, besagt dies, dass das Software-Modell nicht einmal eine Änderung des Quellcodes ausschließt. Dies jedoch würde bedeuten, dass der Islam Formen annehmen kann, die mit keiner seiner historischen Manifestationen notwendig etwas zu tun haben müssen, und es stellt sich die Frage, ab welchem Punkt der Software-Entwicklung es nicht sinnvoller wäre, auf das Label „Islam" gänzlich zu verzichten – genau so wie der Westen weitgehend darauf verzichtet hat, sich als Christen oder christliche Welt oder christliches Abendland zu bezeichnen und stattdessen lieber „westliche Zivilisation“ oder „westliche Wertegemeinschaft“ nennt. Wir sind uns bewusst, dass die „westlichen Werte“ nicht einfach mit dem Christentum gleichgesetzt werden können, soviel Christliches darin auch sein mag.

Will man der Avantgarde der Software-Denker glauben schenken, so scheint der Islam derzeit in das Stadium zu gelangen, in dem sich das Christentum bereits seit längerem befindet. Ideen, die bis in die Gegenwart hinein dem herkömmlichen Islam-Verständnis (und zumal seiner Dogmatik) fremd sind, werden unter Ausblendung der Widerstände mit dem Islam zusammengedacht. So ist es möglich, von einem islamischen Feminismus zu reden oder den Islam so zu interpretieren, dass er mit der Trennung von Religion und Politik im Westen vereinbar ist und so weiter. Alles das ist nicht falsch, es sind wertvolle Versuche, den Islam an die Zeitläufte anzupassen. Aber im Zuge dieser neuen Definitionen des Islams wird es immer schwieriger zu bestimmen, was der Islam eigentlich ist. Daher hat gleichzeitig auch die Gegenbewegung Konjunktur, der Fundamentalismus, der den Islam für alle Zeiten so festschreiben will, wie er vor über tausend Jahren angeblich einmal ausgesehen hat.

Wenn es einen Kampf der Kulturen gibt, ist es somit vor allem ein Kampf um eine neue Definition des Islams. Nicht nur wir, vor allem die Muslime selbst streiten darum, was der Islam eigentlich ist oder sein soll. Daher ist gegenüber all jenen Misstrauen angezeigt (gleich ob es sich um Muslime handelt oder nicht), die behaupten zu wissen, wie es sich mit dem Islam in Wahrheit verhält. Letztlich definieren sie den Islam dann nämlich nur in ihrem eigenen Sinne. Dem Westen geht es übrigens nicht anders. Wer wüsste schon unumstritten zu definieren, was der „Westen“ seinem Wesen nach ist, ja ob es ein solches Wesentliches überhaupt gibt?

Als zentral für unser Selbstverständnis in der Auseinandersetzung mit dem Islam hat sich, wie in der vorliegenden Schrift verschiedentlich angedeutet, der Begriff der Aufklärung erwiesen. Da sich die Islamkritiker ständig auf Aufklärung und rationales Denken berufen, sollte man annehmen, dass ihre Argumente falsifizierbar sind und dass sie den Zweifel, den sie an der Religion der anderen säen, auch ihren eigenen Positionen prüfend angedeihen lassen. Unabhängig von der inhaltlichen Position wäre dies das methodische Kennzeichen, das Prüfsiegel aufgeklärten Denkens.

Nun aber geschieht etwas Paradoxes. Viele, wenn nicht die Mehrheit von denjenigen, die sich zu Aufklärung und Rationalität bekennen, glauben, durch ebenjenes Bekenntnis über jede Form von Kritik aus dem Lager ihrer Gegner erhaben zu sein. Dies geschieht durch eine ebenso schlichte wie geniale Selbsttäuschung. Rationalität und Aufklärung werden dabei nicht als Prozess und Methode begriffen, sondern als Tradition und Position. Es besteht ja kein Zweifel, dass die westliche Staatengemeinschaft in einer aufklärerischen Tradition steht. Wer dieser Gemeinschaft angehört, kann also das Herkommen aus der Aufklärung, eine Art Blutsverwandtschaft mit ihr für sich verbuchen. Zu diesem *Ius sanguinis* der Aufklärung gesellt sich das *Ius soli* der aufgeklärten Position: Derjenige ist aufgeklärt, der zwei der klassischen Inhalte der Aufklärung vertritt, also vor allem die Kritik an der Religion und die universale Geltung der in der Aufklärung entwickelten Werte.

Wohlgemerkt ist weder an einer Kritik der Religion noch an den Werten der Aufklärung, ja nicht einmal an der Behauptung ihrer weltweiten, jeden Menschen betreffenden Gültigkeit etwas auszusetzen. Ich selbst zum Beispiel halte diese Werte für überzeugender als alle anderen, von denen ich bis jetzt gehört habe. Aber bloß dadurch, dass ich mich zu ihnen bekenne, bin ich noch lange nicht aufgeklärt, geschweige denn, dass alles, was ich sage, den Gesetzen

rationalen und falsifizierbaren Argumentierens gehorcht, nur weil ich die aufgeklärten Positionen für mich reklamiere oder einer Kultur angehöre, deren Werte aus der Aufklärung kommen. Genau dies scheinen aber die meisten der sich auf die Aufklärung berufenden Islamkritiker anzunehmen.
In dieser Denkungsart liegt eine Selbstermächtigung der gefährlichsten Sorte deshalb, weil sie das beste Mittel der Kritik immer schon allein für sich reklamiert, nämlich das rationale Denken. Wenn es jenseits der so definierten Aufgeklärtheit nichts gibt als das Irrationale, Unaufgeklärte und somit Nicht-ernst-zu-Nehmende, existiert keine Position mehr, aus der heraus man diejenigen kritisieren könnte, die mit der Aufklärung Schindluder treiben. Ähnlich wie islamische Fundamentalisten den Begriff des Islams besetzt, um nicht zu sagen gekapert haben, und jede Äußerung, die nicht ihrem Diskursschema entspricht, als unislamisch und damit unkorrekt abtun, genauso ist in unseren Breiten der Begriff der Aufklärung gekapert worden. Die damit einhergehende Selbstermächtigung der Aufklärungspiraten lässt sich ebenso an ihrer Weigerung erkennen, sich an ein Mindestmaß an Sittsamkeit im öffentlichen Gespräch zu halten (man lese nur einmal eine der islamischen Webseiten), wie an der Tendenz, wesentliche der etablierten rechtsstaatlichen Prinzipien außer Kraft setzen zu wollen, selbst wenn sie eine Errungenschaft der Aufklärung sind, etwa die Religionsfreiheit oder die Kleidungsfreiheit (man vergleiche die vorhin referierten Vorschläge von Udo Ulfkotte oder Ralph Giordano).
Gehen wir aber am Ende trotzdem der häufig gestellten Frage nach, ob oder warum der Islam keine Aufklärung zu kennen scheint. Die Antwort hängt davon ab, wie man Aufklärung definiert. Wenn man sie auf die Phänomene begrenzt, die ihre Entstehung in Europa begleitet haben, wird man sich selbstverständlich schwer damit tun, Ähnliches in der islamischen Welt zu finden: Eine islamische Aufklärung würde unseren Ansprüchen nur dann genügen, wenn sie mit unserer

quasi identisch wäre. Mit der Engführung des Aufklärungsbegriffs auf ein rein europäisches Phänomen wird der Islam essentialistisch, das heißt auf ein bestimmtes Sosein, unveränderlich festgeschrieben: Der Islam ist dann eben das, was keine Aufklärung kennt; und mit ihm übrigens genauso jede andere außereuropäische Kultur. Der Zirkelschluss, der in einer solchen Aussage liegt, ist so offensichtlich, dass er leicht übersehen wird. Denn wenn man Aufklärung als das definiert, was in Europa entstanden ist, braucht man außerhalb Europas nicht danach zu suchen. Sucht man eine Aufklärung außerhalb von Europa, muss man zugestehen, dass es eine Art Aufklärung geben könnte, die sich nicht einfach auf die Trennung von Staat und Religion oder die Religionskritik ganz allgemein reduzieren lässt, wie es im anti-islamischen Populismus geschieht und dergestalt von dort auch in unvoreingenommenere Köpfe hinüberschwappt.

Dabei ist die Aufklärung gemäß ihren Ursprüngen im Europa des 18. Jahrhunderts weitaus mehr als eine bloße Religionskritik. Nach dem vielzitierten Wort von Kant ist Aufklärung „der Ausgang des Menschen aus seiner selbstverschuldeten Unmündigkeit. Unmündigkeit ist das Unvermögen, sich seines Verstandes ohne Leitung eines anderen zu bedienen." Obwohl auch Kant auf eine Religionskritik abzielt und ein Ausweg aus der Unmündigkeit *auf Grundlage* der Religion bei ihm nicht vorgesehen ist, erweist sich seine Definition von Aufklärung bei genauem Hinschauen als eine Ethik der Selbstkritik. Nur wenn man die Aufklärung auf Religionskritik reduziert, taugt sie als Instrument im Kulturkampf gegen den Islam, und dann liegen die folgenden, verheerenden Schlüsse nah: Der Islam kennt keine Aufklärung. Folglich sind die Muslime unmündig. Folglich brauchen sie einen Vormund. Es ist diese Logik, die die Vorherrschaft der europäischen Kolonialmächte ebenso gerechtfertigt hat wie nach 9/11 die militärischen Eingriffe in der islamischen Welt. Wer den Westen und die eigene Position umstandslos mit der

Aufklärung gleichsetzt, verdrängt zudem die bis weit ins 20. Jahrhundert gerade nicht von geglückter Aufklärung zeugende Geschichte Europas.

Dabei müssen wir gar nicht in kulturgeschichtliche Tiefen abtauchen, um die Vorstellung, wir seien die Aufgeklärten, die anderen hingegen unaufgeklärt, als einigermaßen selbstgefällig zu entlarven. Es genügt, einen zweiten Blick in Kants Aufklärungsschrift zu werfen. Dort heißt es, und ich erlaube mir, zur Betonung der Aktualität, zwei leicht erkennbare Halbsätze hinzuzufügen: „Es ist so bequem, unmündig zu sein. Habe ich ein Buch, das für mich Verstand hat, *einen Fernseher, der für mich quasselt*, einen Seelsorger, der für mich Gewissen hat, *einen Analytiker, der über mich nachdenkt*, einen Arzt, der für mich die Diät beurteilt, usw.: so brauche ich mich ja nicht selbst zu bemühen. Ich habe nicht nötig zu denken, wenn ich nur bezahlen kann; andere werden das verdrießliche Geschäft schon für mich übernehmen."[39]

So Kant, und was von diesen Unmündigkeiten auch heute noch auf uns zutrifft, wird jeder am besten für sich selbst beantworten können. Wagen wir daher die Behauptung, dass die Verwendung des Begriffs Aufklärung in interkulturellen Zusammenhängen heller Unsinn ist. Im Namen der Aufklärung kann man nämlich alles und jeden kritisieren, den Islam ebenso wie den Papst, die Indianer ebenso wie den Nachbarn – oder, was im Sinne der Aufklärung am besten wäre, sich selbst. Das bedeutet: Die Versuche, uns gegen den Islam abzugrenzen, und sei es mit einer so schönen Idee wie der Aufklärung, helfen uns weder dabei zu verstehen, was der Westen, noch was der Islam eigentlich ist. In dieser Unmöglichkeit, uns selbst und die anderen anhand von Schlagworten zu definieren, liegt aber zugleich ein großer Trost. Wenn wir nur darauf verzichten, uns immer abgrenzen zu wollen, *müssen* wir auch nicht mehr verstehen, wer *wir* sind. *Wir* sind dann einfach *alle*.

Notiz

Die vorliegende Schrift ist die Quintessenz meiner Auseinandersetzungen mit der Islamkritik, die ich in meinen Büchern *Manual für den Kampf der Kulturen* (Verlag der Weltreligionen 2008) und *Aufbruch in die Vernunft* (Dietz Verlag 2011) sowie in zahlreichen Artikeln in anderer Ausführlichkeit und aus anderen Anlässen unternommen habe. Im Unterschied zu früher glaube ich mittlerweile allerdings nicht mehr, dass eine islamkritische Meinung durch Argumente oder Diskursanalysen zu widerlegen ist. Als geschlossenes Weltbild, darin dem Antisemitismus verwandt und ihn beerbend, ist die Islamkritik gegen Tatsachen und Argumente immun. Damit verschiebt sich für mich im Vergleich zu meinen früheren Schriften der Akzent. Statt die Unbelehrbaren zu überzeugen, kann es nur noch darauf ankommen, die Öffentlichkeit für die teils unübersehbare, teils äußerst subtile Präsenz islamkritischer Vorurteile zu sensibilisieren und diesen Vorurteilen und Klischees so entgegenzuwirken.

Für die Möglichkeit, meine Gedanken zu erproben und zur Diskussion zu stellen, danke ich folgenden Medien und Institutionen: *Süddeutsche Zeitung*, *Frankfurter Allgemeine Zeitung*, *Die Zeit*, *Cicero*, *Deutschlandfunk*, *Deutschlandradio Kultur*, *Aus Politik und Zeitgeschehen*, *Merkur*, *Psychologie heute*, *Haus der Kulturen der Welt, Qantara.de.*

Dem engagierten Team von Amazon Kindle danke ich für die Unterstützung durch Lektorat, Herstellung, PR und Marketing, Ilona Buth für das Korrektorat und Rothfos & Gabler für die Covergestaltung. Der Akademie der Künste der Welt in Köln danke ich für Förderung und Pressearbeit vor Ort.

Über den Autor

Stefan Weidner lebt als Schriftsteller, Übersetzer und Islamwissenschaftler in Köln. Er ist seit 2001 Chefredakteur der vom Goethe-Institut in den Sprachen Arabisch, Englisch, Persisch und Deutsch herausgegebenen Kulturzeitschrift *Fikrun wa Fann / Art&Thought* (www.goethe.de/fikrun). Er wurde 2006 mit dem Clemens-Brentano-Preis der Stadt Heidelberg, 2007 mit dem Johann Heinrich Voß-Preis der Deutschen Akademie für Sprache und Dichtung und 2014 mit dem Paul Scheerbart-Preis der Ledig-Rowohlt Stiftung ausgezeichnet. 2009/2010 war er August Wilhelm von Schlegel-Gastprofessor für Poetik der Übersetzung an der FU Berlin. Vom Sommersemester 2011 bis zum Wintersemester 2011/12 bekleidete er an der Universität Bonn die erste Thomas Kling-Poetikdozentur. Stefan Weidner ist Mitglied des Deutschen PEN-Clubs und Gründungsmitglied der Akademie der Künste der Welt zu Köln.

Kontakt: stweid.stefanweidner@gmail.com

Von Stefan Weidner erschienen

Als Autor

- *Ins Griechenland des Ostens. Die Ukraine, Lemberg, die Juden und wir.* Wiederholung einer Reise. Kindle Amazon Singles, Leipzig 2014.

- *Aufbruch in die Vernunft.* Islamdebatten und islamische Welt zwischen 9/11 und den arabischen Revolutionen. Aufsätze und Essays. Dietz Verlag, Bonn, 2011.

- *Manual für den Kampf der Kulturen.* Essay. Verlag der Weltreligionen, Frankfurt am Main 2008.

- *Fes. Sieben Umkreisungen.* Mit 21 Fotografien des Autors. Ammann Verlag, Zürich 2006.

- *Allah heißt Gott. Eine Reise durch den Islam.* Fischer Schatzinsel, Frankfurt 2006.

- *Und sehnen uns nach einem neuen Gott.* Religion und Poesie im Werk von Adonis. Verlag Hans Schiler, Berlin 2005.

- *Mohammedanische Versuchungen.* Ein erzählter Essay. Ammann Verlag, Zürich 2004 (Taschenbuchausgabe bei Suhrkamp).

- *Erlesener Orient.* Ein Führer durch die Literaturen der islamischen Welt. Edition Selene, Wien 2004.

Als Übersetzer und Herausgeber

Aus dem Arabischen:

- Taha Mohammed Ali: *An den Ufern der Dunkelheit.* Gedichte aus Palästina. S. Fischer Verlag, Frankfurt 2013.
- Adonis: *Wortgesang.* Von der Dichtung zur Revolution. Essays. In Zusammenarbeit mit Raphael Sanchez. Fischer Verlag, Frankfurt 2012.
- Adonis: *Die Verwandlungen des Liebenden*, S. Fischer Verlag, Frankfurt 2011.
- Adonis: *Ein Grab für New York.* Gedichte 1965–1971. Ammann Verlag, Zürich 2004.
- Fuad Rifka: *Das Tal der Rituale.* Ausgewählte Gedichte. Straelener Manuskripte Verlag 2002.
- Mahmoud Darwish: *Wir haben ein Land aus Worten.* Ausgewählte Gedichte. Ammann Verlag, Zürich 2002.
- *Kaffeeduft und Brandgeruch.* Beirut erzählt (Anthologie; mehrere Übersetzer). Suhrkamp Verlag, Frankfurt 2002.
- *Die Farbe der Ferne.* Moderne arabische Dichtung (Anthologie). C. H. Beck Verlag, München 2000.
- Adonis: *Die Gesänge Mihyars des Damaszener.* Gedichte 1957–1965. Ammann Verlag, Zürich 1998.
- Sargon Boulus: *Zeugen am Ufer.* Ausgewählte Gedichte. Verlag Das Arabische Buch, Berlin 1997.
- Badr Shakir as-Sayyab: *Die Regenhymne und andere Gedichte.* Verlag Das Arabische Buch, Berlin 1995. 2. Auflage: Verlag Hans Schiler, Berlin 2007.
- *Irakische Lyrik seit 1945*: in Akzente, Heft 2/April 1995, S. 116–191.

- Khalid Al-Maaly: *Eine Phantasie aus Schilf.* Verlag Das Arabische Buch, Berlin 1994.

- *Mittenaus, Mittenein.* Lyrik aus dem Irak. Verlag Das Arabische Buch, Berlin 1993. In Zusammenarbeit mit Khalid Al-Maaly und Suleman Taufiq.

Aus dem Französischen:

Französische Literatur der Levante. In: Akzente, Heft 4/August 1997, S. 308–359.

Aus dem Englischen:

William Everson: *River-Root – Der Ursprung des Flusses.* Gemini Verlag, Berlin 2000. In Zusammenarbeit mit Jürgen Brôcan.

Anmerkungen

[1] Zur Entstehungsgeschichte der Islamisierungslegende vgl. im vierten Kapitel die Fußnote 17 zu Bat Ye'or.
[2] Ich hatte mich dazu am 16. Oktober 2011 in *Cicero* geäußert. Der Beitrag nachlesbar unter:
http://www.cicero.de/salon/friedenspreis-algerier-sansal-ein-sieg-fuer-den-eurozentrismus/46174
[3] Merlin Verlag, Vastorf-Gifkendorf 2013. Der französische Titel *Gouverner au nom d'Allah. Islamisation et soif de pouvoir dans le monde arabe* ist trotz des hier wie bei Pegida auftauchenden Begriffs der Islamisierung („Islamisation") differenzierter und – auch schon im Obertitel – sachlicher als der deutsche, weil er die Islamisierung eben allein für die arabische Welt konstatiert. Die bei Sansal im Original allenfalls angedeutete Stoßrichtung wird vom deutschen Verlag auf unverantwortliche Weise verallgemeinert und als „Islamisierung der Welt" mit den Dogmen der Islamkritik kompatibel gemacht.
[4] Islamkritik ist ein Geschäft. Wollte ich als Autor reich werden, müsste ich sofort die Seiten wechseln, und hält man die Verkaufszahlen seriöser Bücher über den Islam einerseits, islamkritischer Schriften andererseits gegeneinander, wird einem aufgeklärten Menschen schwarz vor Augen. Man vergleiche nur die Verkaufsränge bei Amazon.
[5] Die Feststellung, dass anti-islamische Ansichten weite Bevölkerungskreise erfasst haben, ist statistisch aktuell belegt in der „Sonderauswertung Islam 2015" des „Religionsmonitors" der Bertelsmann-Stiftung. Auf Seite 3, Punkt 4 heißt es dort: „Islamfeindlichkeit ist keine gesellschaftliche Randerscheinung, sondern findet sich in der Mitte der Gesellschaft. Islamfeindschaft als salonfähiger Trend kann zur Legitimation diskriminierender und ausgrenzender Verhaltensweisen gegenüber einer Minderheit genutzt werden." Die Aussage „Der Islam passt (eher) nicht in die westliche Welt" wird von zwei Dritteln aller Befragten über 25 Jahren geteilt. Die Ergebnisse

sind abrufbar unter: http://www.bertelsmann-stiftung.de/fileadmin/files/Projekte/51_Religionsmonitor/Zusammenfassung_der_Sonderauswertung.pdf

[6] Der diesbezügliche Artikel von Sloterdijk erschien am 22. Oktober 2009 in *Cicero*, nachlesbar unter http://www.cicero.de/kapital/aufbruch-der-leistungstr%C3%A4ger/40259. Deutlich differenzierter, wenngleich arg schematisch, ist Sloterdijks Islambild in *Gottes Eifer. Vom Kampf der drei Monotheismen*, Frankfurt 2007.

[7] Ein besonders fragwürdiges Beispiel lieferte Matthias Küntzel auf der Webseite *Perlentaucher*, nachzulesen unter http://www.perlentaucher.de/essay/islam-totalitarismus-und-kritik.html. Küntzel tut einerseits so, als unterscheide er Islam und Islamismus, grenze er sich von Pegida ab und nehme die Muslime in Schutz, nur um dann zu sagen, dass die radikale ISIS den eigentlichen Islam vertrete und dass die Muslime, die sagen, ISIS und Islam hätten nichts miteinander zu tun, sich nicht ausreichend von ISIS distanzierten. Jeder Pegida-Teilnehmer wird Küntzels Argumentation unterschreiben können: Die Muslime, die sich vom Islam abkehren, sind in seiner Argumentation von der Islamkritik ausgenommen. Was tautologisch ist, weil es in der Logik des Begriffs liegt. Ist aber der, der einen Muslim nur akzeptiert, wenn er sich gegen seine Religion wendet, nicht eben genau deshalb ein Rassist, nur eben im islamkritischen Schafsfell? Wäre jemand, der nur Juden akzeptiert, die eigentlich keine sein wollen, kein Antisemit? Und wer, außer dem Islamkritiker, definiert, wann sich einer genügend von der eigenen Religion abgrenzt, die freilich nur der Islamkritiker richtig versteht, weswegen auch nur er entscheidet, wann einer seinen Kriterien genügt. Ein ebenso billiges wie schmutziges Spiel.

[8] Thilo Sarrazin, *Deutschland schafft sich ab*, München 2010, S. 389.

[9] Zu Peter Sloterdijks nietzscheanischer Islamdeutung vgl. Peter Sloterdijk, *Gottes Eifer. Vom Kampf der drei Monotheismen*. Verlag der Weltreligionen, Frankfurt 2007. Islamkritik und

Neoliberalismus hübsch vermischt finden sich hier: http://www.cicero.de/kapital/aufbruch-der-leistungstr%C3%A4ger/40259 (Abruf am 1. Februar 2015). Sloterdijks Argumentation wird restlos auseinandergenommen von Patrick Bahners in *Die Panikmacher*, München 2010, S. 13.

[10] Jean Ziegler, *Der Hass auf den Westen,* Gütersloh 2009

[11] So der Historiker Egon Flaig in der Frankfurter Allgemeinen Zeitung vom 15. September 2006.

[12] So zuletzt Tidiane N'Diaye in: *Der verschleierte Völkermord*, Reinbek 2010.

[13] Vgl. *Islamverherrlichung. Wenn die Kritik zum Tabu wird*, hrsg. von Thorsten Gerald Schneiders, Wiesbaden 2010. Der Band mit dem leicht irreführenden Titel macht den vielversprechenden Versuch einer kritischen Erörterung problematischer islamischer Haltungen ohne die üblichen Vorurteile der Islamkritik. Er thematisiert jedoch sinnvollerweise nicht direkt das Milieu möglicher „Islamverherrlicher", da „Islamverherrlichung" nicht als ein Kampfbegriff der Islamkritiker ist.

[14] Zitiert nach Edward Said, *Orientalismus*, übersetzt von Hans Günter Holl, Frankfurt 2009, S. 178.

[15] Vgl. Benedikt XVI., *Gott, rette die Vernunft! Die Regensburger Vorlesung des Papstes in der philosophischen Diskussion*, Sankt Ulrich Verlag, Augsburg 2008.

[16] Henryk Broder, „Augen auf, Kollege!", *Welt am Sonntag*, 20. Februar 2011, abrufbar unter http://www.welt.de/print/wams/kultur/article12597611/Augen-auf-Kollege.html

[17] Die Schriften Bat Ye'ors haben für die international bestens vernetzten Islamkritiker dieselbe Bedeutung wie die Protokolle der Weisen von Zion für die Antisemiten: Beide glauben daran. Auf Deutsch werden Bat Ye'ors Schriften neuerdings von der grauen Eminenz – oder dem Papst? – der deutschen Islamkritik, Hans-Peter Raddatz, herausgegeben, bezeichnenderweise im Verlag Duncker & Humblot, der bekannt geworden ist, weil der ehemalige Verteidigungsminister Karl-Theodor zu

Guttenberg dort seine berüchtigte, aus zu vielen Plagiaten bestehende Dissertation publiziert hatte. Vgl. Bat Ye'or, *Europa und das kommende Kalifat. Der Islam und die Radikalisierung der Demokratie.* Hintergründe und Kommentierung von Hans-Peter Raddatz, Berlin 2013. Um zu erfahren, wes Geistes Kind Raddatz ist, genügt für alle Zeiten die Lektüre der von Raddatz stammenden Inhaltsangabe des Buchs bei Amazon: http://www.amazon.de/dp/3428138317. Vgl. ferner Anmerkung 38 im vorliegenden Text. Sogar Tilman Nagel, einst ernstzunehmender Professor für Islamwissenschaft an der Uni Göttingen, bei dem ich selbst studiert habe, heute Meister der Freimaurerloge „Augusta zum goldenen Zirkel" ist sich mittlerweile nicht zu schade, bei Duncker & Humblot zu publizieren (*Angst vor Allah*, Berlin 2014). Von der literaturkritischen Öffentlichkeit unbemerkt, liegt übrigens ein Hauptgedanke Bat Ye'ors, nämlich die Unterstellung, Europa strebe eine Vereinigung mit der arabischen (oder: islamischen? Muslimischen?) Welt an, dem jüngsten, vielbeachteten Roman Michel Houellebecqs (*Unterwerfung*, Köln 2015) als politische Schreckensvision für eine nahe Zukunft zugrunde. Interessanter als Bat Ye'ors Schriften ist ihre Biographie: Bat Ye'or ist ein Pseudonym und bedeutet auf Hebräisch „Tochter des Nils". Ihr Geburtsname ist Gisèle Orebie – ein Name, der die Kenner der ägyptischen Geschichte an den vom damaligen ägyptischen Kriegsminister Ahmad Urabi angezettelten Aufstand gegen die britische Kolonialherrschaft im Jahr 1882 erinnert (es handelt sich auf Arabisch um denselben Namen; ob ein Verwandtschaftsverhältnis besteht, ist unklar). Gisèle Orebie wuchs als Tochter ägyptischer Juden in einem der damals besten Kairoer Viertel, der Nilinsel Zamalek auf – genauso wie der zwei Jahre jüngere Edward Said, der mit seiner Familie Ende der dreißiger Jahre ebenfalls nach Kairo-Zamalek zog und in seiner Autobiographie *Am falschen Ort* (Berlin, 2000) ausführlich über die polyglotte Atmosphäre jener Zeit dort berichtet. Wie große Teile der reichen ägyptischen Oberschicht, die meisten von ihnen übrigens Muslime, hat die Familie Orebie im Zuge der Enteignungen durch die sozialistische Politik des 1954 an die Macht gekommenen ägyptischen Generals Gamal Abdel Nasser nach der Suezkrise 1956 Ägypten verlassen. Die sich allmählich verändernde Situation in Ägypten wird von Said eindrucksvoll und durchaus wehmütig beschrieben. Das unfreiwillige Exil der Familie Orebie hat dabei nichts mit dem Islam, sondern mit Nassers antikapitalistischer und antikolonialer Politik und dem arabisch-israelischen Konflikt zu tun. Nasser ist als entschiedener Gegner der Muslimbrüder und des politischen Islams in Ägypten in die Geschichte eingegangen. Bat Ye'ors islamkritische Verschwörungstheorien verdrängen im Übrigen die Tatsache, dass die Förderung des politischen und dschihadistischen Islams wesentlich auf das Konto der antikommunistischen Politik des Westens und seiner Verbündeten, zum Beispiel Saudi-Arabiens, im Kalten Krieg zurückgeht. Oder liegt gerade diese Kränkung, die ja in der Tat kurzsichtige Förderung des fundamentalistischen Islams durch den Westen im Kalten Krieg, ihren Schriften zugrunde?

[18] Zu Bassam Tibi ausführlicher in meinem Buch *Manual für den Kampf der Kulturen*, Frankfurt/M. 2008, S. 74–75, S. 80ff.

[19] Dazu näher: Stefan Weidner, *Manual für den Kampf der Kulturen*, S. 51-55, ferner: ders., *Mohammedanische Versuchungen*, Zürich 2004, S. 115–119.

[20] Etwa bei Alice Schwarzer (Hrsg.), *Die große Verschleierung*, Köln 2010. Vgl. auch die Gegenposition von Birgit Rommelspacher, „Zur Emanzipation ‚der' muslimischen Frau", in: *Aus Politik und Zeitgeschichte* 5/2009, S. 34-38, abrufbar unter http://www.birgit-rommelspacher.de/pdfs/Emnazipaion_der_mulimischen_Frau.pdf und das Kapitel über Alice Schwarzer in Patrick Bahners, *Die Panikmacher. Die deutsche Angst vor dem Islam*, München 2011, S. 248ff.

[21] Etwa in seinem Beitrag „Hetzer mit Parallelen", in: *Süddeutsche Zeitung*, 4. Oktober 2010, (http://sz.de/1.59486), und dem Buch *Die Feinde aus dem Morgenland. Wie die Angst vor den Muslimen unsere Demokratie gefährdet*, München 2013.

[22] Saul Friedländer, *Das Dritte Reich und die Juden*, München 2007, S. 96.
[23] Einschlägig für die Abgrenzung gegen Pegida unter krampfhafter Beibehaltung aller anti-islamischen Dogmen ist der in Anmerkung 7 erwähnte Text von Matthias Küntzel.
[24] Vgl. das Beispiel von Hamed Abdel-Samad weiter unten bei Anmerkung 28.
[25] Patrick Bahners, *Die Panikmacher. Die deutsche Angst vor dem Islam*, München 2011.
[26] Egon Flaig, „Der Islam will die Welteroberung", in: *Frankfurter Allgemeine Zeitung*, 15. September 2006, abrufbar unter http://www.faz.net/-gsb-t0rd. Vgl. dazu die Replik von Almut Höfert, „Die glorreichen Tage des Dschihad sind Geschichte", in: *Frankfurter Allgemeine Zeitung*, 19. Oktober 2006 (nicht freigeschaltet, kostenpflichtiger Abruf hier: http://www.genios.de/presse-archiv/artikel/FAZ/20061019/die-glorreichen-tage-des-dschihad-s/FD120061019836867.html).
[27] Bahners, a.a.O., S. 58.
[28] Hamed Abdel-Samad, „Alexandria hat sich in der Diktatur verloren", in: *Die Welt*, 5. Januar 2011, abgerufen am 28. Januar 2015 unter http://www.welt.de/debatte/kommentare/article11985107/Alexandria-hat-sich-in-der-Diktatur-verloren.html. Nachdem Abdel-Samad zuerst über den Untergang der islamischen Welt geschrieben hat, dann für die Revolution eintrat und die Hoffnung auf Besserung in der arabischen Welt äußerte, ist er nun wieder zur ursprünglichen islamkritischen Position zurückgekehrt. Sein neustes Buch, eine abgegriffene These aufgreifend, trägt den Titel *Der islamische Faschismus*.
[29] Die Leserkommentare zu dem Artikel sind nicht mehr abrufbar. Ich zitiere nach bestem Wissen aus dem Gedächtnis.
[30] Walter Laqueur, „Hamed Abdel Samad prophezeit das Ende des Islam", in: *Die Welt*, 19. November 2010, abgerufen am 28. Januar 2015 unter

http://www.welt.de/kultur/history/article10947310/Hamed-Abdel-Samad-prophezeit-das-Ende-des-Islam.html

[31] Vgl. z.B. Ludwig Ammann, Katajun Amirpur (Hrsg.), *Der Islam am Wendepunkt. Liberale und Konservative Reformer einer Weltreligion*, Freiburg 2006.

[32] So stand es in dem inzwischen abgeschalteten Blog www.stopislam.de zu lesen.

[33] Dieser Artikel wurde dann zu einem kleinen Buch mit dem Titel *Schreckensmänner. Versuch über den radikalen Verlierer* (Frankfurt 2006) ausgebaut und in der Öffentlichkeit sehr ernst genommen.

[34] Udo Ulfkotte: *Der Krieg in unseren Städten. Wie radikale Islamisten Deutschland unterwandern*. Eichborn Verlag, Frankfurt/M. 2003.

[35] am 5. Januar 2015. Ein Video seines Auftritts ist zu sehen unter: http://spon.de/vgEua

[36] Eine ähnliche Anekdote über Giordano erzählt Patrick Bahners in *Die Panikmacher*, München 2011, S. 248.

[37] In meiner Anthologie *Die Farbe der Ferne. Moderne arabische Lyrik*, C.H. Beck Verlag, München 2000, S. 170ff.

[38] Einen hübschen Einblick in die verschwörungstheoretische Wahnwelt der Islamkritiker liefert Hartmut Krauss' Rezension von Bat Ye'ors in Anmerkung 17 erwähntem Buch unter http://www.hintergrund-verlag.de/texte-rezensionen-bat-yeor-europa-und-das-kommende-kalifat-der-islam-und-die-radikalisierung-der%20demokratie.html. Man beeile sich mit dem Abruf, denn solcherart islamkritischer Exhibitionismus verschwindet schneller aus dem Netz, als man denkt, wenn die Beteiligten in einem hellen Moment die Ahnung von der Peinlichkeit ihres Tuns befällt.

[39] Nach: Immanuel Kant: „Beantwortung der Frage: Was ist Aufklärung?" In: *Schrifte n zur Anthropologie, Geschichtsphilosophie, Politik und Pädagogik* 1, hrsg. von Wilhelm Weischedel. Frankfurt/M. 1964, S. 53.

16890129R00056

Printed in Poland
by Amazon Fulfillment
Poland Sp. z o.o., Wrocław